N

Deutsch

Herausgegeben und übersetzt
von Valentina Bally

Nachwort von Jewgenij Schklowskij

Philipp Reclam jun. Stuttgart

Für seine Hilfe bei der Übersetzung möchte ich
Herrn Professor Dr. B. Keller meinen großen Dank aussprechen.

Universal-Bibliothek Nr. 18082

Die Texte wurden Zeitschriften oder Werken der Verfasser entnommen,
die im Autoren- und Werkverzeichnis aufgeführt sind
Satz: Utesch GmbH, Hamburg
Druck und Bindung: Reclam, Ditzingen. Printed in Germany 2000
RECLAM und UNIVERSAL-BIBLIOTHEK sind eingetragene Marken
der Philipp Reclam jun. GmbH & Co., Stuttgart
ISBN 3-15-018082-1

Inhalt

Мелочи архи ..., прото ... и просто иерейской жизни

И вот забавная история, которую рассказывал Владыка Антоний. Он был в составе делегации Русской Православной Церкви на экуменической конференции, которая проходила в Эфиопии. В какой-то день участников этого мероприятия повезли в глухую деревушку, где они посетили местный храм. Собравшиеся там эфиопы, вообще имеющие предубеждение по отношению к белокожим, смотрели на этих гостей с недоверием и даже страхом. Местный священник, чтобы разрядить обстановку, обратился к своей насторожённой пастве с такими словами:

– Вы не пугайтесь, вы не бойтесь ... Наши гости только снаружи такие белые ... Душа у них такая же чёрная, как и у всех нас.

Как-то такое Митрополит Крутицкий и Коломенский Пимен прибыл в московскую гостиницу «Украина». Швейцар помог иерарху снять зимнюю рясу и принял из его руки епископский посох. Но при этом то ли от почтительности, то ли по небрежности посох уронил, да так, что при падении от трости отлетел набалдашник. Швейцар в смущении поднял то и другое и сказал Митрополиту:

MICHAIL ARDOW

Vorkommnisse aus dem Erz-, Weih- und sonstigen bischöflichen Leben

Hier eine kurzweilige Geschichte, welche der Erzbischof Antonius erzählte. Er gehörte zur Delegation der russisch-orthodoxen Kirche auf einer ökumenischen Konferenz, die in Äthiopien stattfand. An einem Tag wurden die Teilnehmer dieser Versammlung in ein kleines abgelegenes Dorf gefahren, wo sie das dortige Gotteshaus besuchten. Die Äthiopier, die sich dort versammelt hatten und die im allgemeinen Vorurteile gegenüber Weißen haben, schauten die Gäste mit Misstrauen und sogar Angst an. Um die Atmosphäre zu entspannen, richtete der örtliche Geistliche folgende Worte an seine gespannt lauschende Gemeinde: »Ihr braucht nicht zu erschrecken, ihr braucht keine Angst zu haben … Unsere Gäste sind nur äußerlich so weiß … Sie haben ebenso schwarze Seelen, wie wir alle auch.«

Eines Tages kam der Metropolit von Krutizk und Kolomensk Pimen in dem Moskauer Hotel »Ukraina« an. Der Portier half dem Hierarchen aus seinem langen Winterumhang und nahm aus seiner Hand den Bischofsstab entgegen. Aber dabei ließ er, sei es aus Ehrfurcht oder aus Nachlässigkeit, den Stab fallen, sodass beim Aufprall der Knauf vom Stock absprang. Verwirrt hob der Portier beides auf und sagte zu dem Metropolit:

– Прости, батюшка … Клюшку твою сломал …

– Какую клюшку?! – взъярился архиерей. Что я тебе – хоккеист?!

Вот ещё забавная автомобильная история. Дело было в какой-то советский праздник, кажется, на самое 7 ноября. Владыка на такси ехал с одним из постоянных своих водителей. У обочины они увидели старичка, который пытался остановить машину. Архиепископ велел затормозить, и его поместили на заднее сиденье. Только когда машина покатила дальше, Владыка и шофёр заметили, что дедушка этот сильно пьян … Но мало того, обратив внимание на характерную внешность архиерея, новый пассажир стал на чём свет стоит ругать попов … Тогда шофёр остановился, взял пьяного за ворот и вышвырнул из машины. А поскольку день был праздничный, автомобиль сразу же окружили люди, желающие ехать. Один из них указал на архиепископа и подобострастно спросил водителя:

– А этого тоже будете выкидывать?

А вот самый последний анекдот, связанный с именем Патриарха Пимена. (Это произошло недели за две до его кончины, в апреле 1990 года.) В

»Verzeih, Vater ... Ich habe deinen Schläger zerbrochen ...«

»Was für einen Schläger?!«, entgegnete der Erzbischof wütend. »Wofür hältst du mich eigentlich?! Für einen Hockeyspieler?«

Hier ist noch eine lustige Automobilgeschichte. Der Vorfall ereignete sich an einem Sowjetfeiertag, es könnte sogar der 7. November gewesen sein. Der Erzbischof fuhr in einem Taxi mit einem seiner ständigen Chauffeure. Am Straßenrand sahen sie ein altes Männchen, das versuchte, einen Wagen anzuhalten. Der Erzbischof ließ halten und man brachte den Mann auf der hinteren Bank unter. Erst als der Wagen schon wieder Fahrt aufgenommen hatte, bemerkten der Erzbischof und sein Chauffeur, dass das Alterchen stark betrunken war ... Aber als ob das nicht genug gewesen wäre, begann der neue Passagier, als er das charakteristische Äußere des Erzbischofs bemerkt hatte, auf das Übelste die Geistlichkeit zu beschimpfen ... Da hielt der Chauffeur, packte den Betrunkenen am Kragen und warf ihn in hohem Bogen aus dem Wagen. Da es aber ein Feiertag war, wurde das Auto sogleich von Menschen umringt, die mitzufahren wünschten. Einer von ihnen zeigte auf den Erzbischof und fragte den Chauffeur schmeichlerisch:

»Werden Sie den da auch hinauswerfen?«

Hier ist die allerneueste Anekdote. Sie ist mit dem Namen des Patriarchen Pimen verbunden. (Es geschah ungefähr zwei Wochen vor seinem Tod, im April 1990.) Ein

Чистый переулок, в здание Патриархии, пришёл деловитый мужчина и обратился к секретарше:
– Могу я видеть Всевышнего?

(Он, конечно, имел в виду «Святейшего», т.е. Патриарха. Секретарша, разумеется, это поняла и отвечала ему по существу дела, а потому диалог их с богословской точки зрения получился совершенно удивительный. Всевышним мы именуем Самого Бога.)

– Могу я видеть Всевышнего?

– Он плохо себя чувствует, – отвечала секретарша.

– А есть у него заместитель по хозяйственной части?

– Есть, – отвечала секретарша и указала посетителю путь в хозяйственное управление.

Советская писательница Ольга Зив, которая в двадцатых годах была активной комсомолкой и надолго сохранила связь с этой организацией, рассказывала о таком трагикомическом эпизоде. Году в сорок девятом в Загорский районный комитет комсомола явилась девушка и обратилась с просьбой принять на хранение свой членский билет.

– Я живу в общежитии, – объяснила она, – там у нас в комнате двадцать коек… А у меня только фанерный чемодан без замка, туда я комсомольский билет не могу положить…

– А где же ты его раньше хранила? – спросили её.

– Раньше я носила его на груди, за бюстгальте-

geschäftiger Mann kam in die Tschistyj-Gasse, in den Patriarchensitz, und wendete sich an die Sekretärin mit der Frage:
»Kann ich den Allerhöchsten sprechen?«

(Er dachte natürlich an den »Allerheiligsten«, das heißt den Patriarchen. Die Sekretärin erfasste das natürlich und antwortete ihm entsprechend. Deshalb verlief ihr Dialog vom theologischen Standpunkt aus äußerst verwunderlich. Als den Allerhöchsten bezeichnen wir Gott selbst.)

»Kann ich den Allerhöchsten sprechen?«

»Er fühlt sich nicht gut«, antwortete die Sekretärin.

»Hat er einen Vertreter in Fragen der Hausbewirtschaftung?«

»Ja«, antwortete die Sekretärin und erklärte ihm den Weg zur Wirtschaftsverwaltung.

Die sowjetische Schriftstellerin Olga Siw, die in den zwanziger Jahren aktives Komsomolmitglied war und lange Zeit Verbindung mit dieser Organisation aufrecht erhielt, erzählte folgende tragikomische Episode. Um das Jahr 1949 erschien ein Mädchen im Sagorsker Bezirkskomitee des Komsomol und bat darum, man möge ihre Mitgliederkarte in Verwahrung nehmen.

»Ich wohne im Studentenheim«, erklärte sie, »wir sind zwanzig in einem Zimmer … Und ich habe nur einen Koffer aus Sperrholz ohne Schloss, da kann ich meine Komsomolmitgliederkarte nicht hineinlegen …«

»Aber wo hast du sie denn früher aufbewahrt?«, wurde sie gefragt.

»Früher trug ich sie auf der Brust unter dem Büsten-

ром… А теперь я встречаюсь с одним семинаристом и боюсь, как бы билет не попал во вражеские руки…

Дочь знаменитого дрессировщика и клоуна Дурова Анна Владимировна, рассказывала мне об одном диспуте в двадцатых годах, участником которого был её отец. Он там представлял «атеистическую науку», а религию какой-то священник. Во время дискуссии батюшка заявил:

– Я могу очень просто доказать и то, что Господь Иисус Христос существовал, и самый факт Его воскресения…

Затем он повернулся к многочисленной аудитории и воскликнул:

– Христос воскресе!

– Воистину воскресе! – отозвались сотни голосов.

Другой батюшка, когда-то служивший на Кубани, передавал мне свой разговор с местным военкомом. Майор его спросил:

– А что же тебе в военном билете писать? Какая же у тебя профессия?

– Нам обычно пишут: священнослужитель.

– Так. А ты семинарию кончил?

– Нет, меня так посвятили в священный сан.

halter... Aber jetzt gehe ich mit einem Seminaristen und habe Angst, dass die Karte in feindliche Hände fallen könnte...«

Anna Wladimirowna Durowa, die Tochter des bekannten Tierdresseurs und Clowns, erzählte mir von einer Podiumsdiskussion in den zwanziger Jahren, an der ihr Vater teilgenommen hatte. Er repräsentierte die atheistische Wissenschaft, und irgendein Geistlicher die Religion. Während der Diskussion erklärte der Priester:
»Ich kann sehr einfach sowohl die Tatsache beweisen, dass unser Herr Jesus Christus existiert hat, als auch, dass Er auferstanden ist...«

Dann drehte er sich dem zahlreichen Publikum zu und rief:
»Christus ist auferstanden!«[1]

»Wahrlich, er ist auferstanden!« antworteten hunderte von Stimmen.

Ein anderer Priester, der einst in Kuban gewirkt hatte, erzählte mir von seiner Unterhaltung mit dem örtlichen Militärkommissar. Der Major fragte ihn:
»Und was soll ich dir denn ins Dienstbüchlein schreiben? Was hast du denn für einen Beruf?«

»Im allgemeinen schreibt man bei uns: geistlicher Diener.«

»Soso. Und hast du das Priesterseminar abgeschlossen?«

»Nein, man hat mich einfach zum Priester geweiht.«

1 »Christus ist auferstanden!« »Wahrlich, er ist auferstanden!« Traditioneller Ostergruß und dazugehörende Erwiderung.

– Ну, раз ты семинарию не кончил, я тебе не напишу «священнослужитель». Я тебе напишу просто: служащий.

Знаменитый Архиепископ Лука (Войно-Ясенецкий) гулял по какому-то садику, где играли дети. Был он, разумеется, в рясе и в клобуке. Владыку увидел милиционер и буквально набросился на него:

– Гражданин, почему вы тут гуляете в таком виде?.. Здесь же дети! Подумайте, какой вы им пример подаёте!..

Владыка отвечал:

– А по-вашему так: если бы я нацепил кобуру с пистолетом, это было бы для них лучшим примером?..

Среди самых знаменитых протодиаконов в двадцатые годы был покойный М. Д. Михайлов. Затем его переманили в театр, работать там было, разумеется, безопаснее. Но он притом от религии не отрекался, никаких кощунственных заявлений не делал. Когда он умер, Патриарх Пимен благословил отпеть его в облачении и поминать как протодиакона.

...Михайлов снимался в печально известном фильме «Иван Грозный», исполнял там роль протодиакона в сцене коронации царя.

»Wenn du den Seminarabschluss nicht hast, dann schreibe ich nicht ›geistlicher Diener‹. Ich schreibe dir einfach ›Bediensteter‹ hinein.«

Der berühmte Erzbischof Lukas (Wojno-Jassenezkij) ging in einem Park spazieren, wo Kinder spielten. Natürlich trug er den Priesterrock und die Mönchskappe. Ein Milizionär sah den Erzbischof und stürzte sich buchstäblich auf ihn:
»Bürger, wie können Sie hier in diesem Aufzug spazierengehen? … Hier sind doch Kinder! Machen Sie sich doch klar, was Sie denen für ein Beispiel geben! …«

Der Erzbischof antwortete:
»Meinen Sie, es wäre für sie ein besseres Beispiel, wenn ich mir ein Halfter mit einer Pistole umschnallen würde? …«

Einer der bekanntesten Protodiakone der zwanziger Jahre war der verstorbene M. D. Michailow. Er wurde später dazu verleitet, zum Theater zu gehen. Dort zu arbeiten war selbstverständlich ungefährlicher. Aber er sagte sich nicht von der Religion los, und gab niemals lästerliche Erklärungen ab. Als er starb, ließ der Patriarch Pimen ihm ein Messgewand anziehen, hielt für ihn eine kirchliche Trauerfeier ab und sagte, man solle seiner als Protodiakon gedenken.

… Michailow trat in dem zu trauriger Berühmtheit gelangten Film »Iwan der Schreckliche« auf. Er spielte darin die Rolle des Protodiakons in der Szene der Krönung des Zaren.

…Надо сказать, что постановщику фильма С. Эйзенштейну разрешили снимать в Кремле, в Успенском соборе, т.е. в том самом месте, где это и происходило. Можно себе представить, как киношники набились в храм, затащили осветительные приборы… У Эйзенштейна, как известно, совершенная композиция кадра была едва ли не главной целью, а потому недоразумение, возникшее у него с М. Д. Михайловым, особенно забавно. Итак, к съёмке было всё готово: протодиакон стоит на амвоне, звучат команды – «Свет!», «Камера!», «Начали!»… Михайлов поворачивается спиною к режиссёру и оператору и начинает говорить ектению…

– Стоп! – истерически кричит Эйзенштейн. – Вы почему туда повернулись? Камера здесь!

– А что мне ваша камера? – отвечает с амвона Михайлов. – Алтарь-то вот он…

А вот подлинный анекдот восемнадцатого века.

На Страстной неделе некий проповедник оговорился и сказал, что Иуда продал Христа не за 30 сребреников, а за 40…

Стоящий в народе купец наклонился к своему приятелю и тихонько промолвил:

– Это, стало быть, по нынешнему курсу…

... Es muss gesagt werden, dass man dem Regisseur des Films S. Eisenstein die Erlaubnis erteilt hatte, im Kreml in der Uspenskij-Kathedrale zu filmen, das heißt, genau an dem Ort, wo sich die Handlung abgespielt hatte. Man kann sich vorstellen, wie sich die Filmleute in die Kirche drängten, ihre Beleuchtungsgeräte hineinschleppten ... Für Eisenstein war bekanntlich die vollkommene Komposition jeder Szene fast das Hauptziel, und deshalb ist das Missverständnis, welches zwischen ihm und Michailow auftrat, besonders erheiternd. So war also zur Aufnahme alles bereit: der Protodiakon steht auf dem Voraltar, es erschallen die Befehle – »Licht!«, »Kamera!«, »Klappe!« ... Michailow wendet dem Regisseur und der Kamera den Rücken zu und beginnt das Responsorium zu rezitieren ...

»Stop!«, schreit Eisenstein hysterisch. »Warum haben Sie sich umgedreht? Hier ist die Kamera!«

»Was soll ich mit Ihrer Kamera?«, antwortet Michailow vom Voraltar. »Der Altar ist da ...«

Und hier ist eine echte Anekdote aus dem achtzehnten Jahrhundert.

In der Karwoche versprach sich ein Prediger und sagte, dass Judas Christus nicht für 30, sondern für 40 Silberlinge verkauft habe ...

Ein Kaufmann, der in der Menge stand, beugte sich zu seinem Bekannten und murmelte:

»Das ist wohl nach dem heutigen Kurs gerechnet ...«

Легендарная Ордынка

В Москве в своё время выпустили труд древнегреческого философа Аристотеля «Этика». Обширный комментарий к нему написал профессор Эрнест Радлов. В бухгалтерии издательства произвели обычный расчёт и ведомость передали в кассу. Ленинградцу Радлову гонорар был переведён по почте. А деньги, причитавшиеся Аристотелю, были получены сим последним через кассу издательства при следующих обстоятельствах.

Однажды в платёжные часы к окошечку подошёл некто и сказал кассиру:

– Для Аристотеля есть что-нибудь?

– По журналам или по книгам? – осведомился кассир.

– По книгам.

Кассир пошелестел ведомостями, нашёл нужный лист и сказал:

– Сумму прописью.

– Ну, безусловно, – отозвался автор, выводя косыми буквами подпись: «АРИСТОТЕЛЬ».

Вернув кассиру ведомость, великий философ не торопясь пересчитал деньги, спрятал пачку в карман и удалился.

Die legendäre Ordynka[2]

In Moskau wurde seinerzeit die »Ethik« des altgriechischen Philosophen Aristoteles herausgegeben. Professor Ernest Radlow hatte einen umfangreichen Kommentar dazu geschrieben. In der Buchführung des Verlages wurde wie üblich abgerechnet, und die Honorarliste wurde an die Kasse weitergeleitet. Dem in Leningrad wohnhaften Radlow wurde das Honorar per Post überwiesen. Das Geld jedoch, welches Aristoteles zustand, wurde von diesem selbst an der Verlagskasse unter folgenden Umständen entgegengenommen.

Eines Tages kam während der Auszahlungszeit jemand an den Schalter und sagte zum Kassierer:
»Haben Sie etwas für Aristoteles?«

»Zeitungs- oder Bücherhonorare?«, erkundigte sich der Kassierer.

»Bücher.«

Der Kassierer raschelte mit den Honorarlisten, fand das entsprechende Blatt und sagte:
»Schreiben Sie die Summe in Worten.«

»Aber selbstverständlich«, antwortete der Autor, indem er mit schrägen Buchstaben seine Unterschrift hinmalte: »ARISTOTELES«.

Der große Philosoph gab dem Kassierer den Zahlschein zurück, zählte ohne Eile das Geld nach, steckte das Bündel in die Tasche und entfernte sich.

2 »Die legendäre Ordynka« ist die im Freundes- und Familienkreis von Michail Ardow verwendete Bezeichnung für sein an der Ordynka-Straße in Moskau gelegenes Elternhaus, das in der Nachkriegszeit Anna Achmatowa beherbergte und wo zahlreiche bedeutende Persönlichkeiten aus Literatur und Kunst verkehrten.

Кто был этот знаток бухгалтерских порядков и психологии, установить так и не удалось.

В начале тридцатых годов в Ленинграде жил в жуткой коммунальной квартире, буквально погибая от унижений и нищеты, глубокий старик – родной сын М. Е. Салтыкова-Щедрина. Как известно, писатель этот ценился и цитировался самим Сталиным, и вот несчастный старик решился написать вождю письмо с просьбой о помощи. Каким-то непостижимым образом это письмо дошло до адресата, и всесильный тиран собственноручно начертал на нём резолюцию:
«т. Медведю. Прошу помочь».

Затем письмо было доставлено в печально известный серый дом на Литейном, а Медведь, как известно, возглавлял ленинградское НКВД вплоть до убийства Кирова. Получив бумаги с собственноручной резолюцией Сталина, Медведь разом нажал на все кнопки стоящего перед ним аппарата – вызвал к себе начальников всех отделов. Через минуту из коридора послышался топот сапог, а через две кабинет Медведя наполнился сотрудниками. Дальше хозяин кабинета произнёс матерный монолог, смысл которого можно передать примерно так:
– За что я вас, дармоедов, кормлю?.. Куда вы, сукины дети, смотрите?.. Мимо вашего носа пись-

Wer dieser Kenner der Psychologie und der Buchhaltergebräuche war, hat sich bisher nicht feststellen lassen.

Anfang der dreißiger Jahre lebte in Leningrad in einer bedrückenden Kommunalwohnung, buchstäblich vor Erniedrigung und Elend zugrunde gehend, ein hochbetagter Greis – der Sohn von M. E. Saltykow-Schtschedrin. Bekanntlich wurde dieser Schriftsteller von Stalin selbst geschätzt und zitiert, und so entschloss sich der unglückliche alte Mann ein Hilfegesuch an den Führer zu richten. Auf irgendeine unbegreifliche Weise erreichte das Gesuch seinen Adressaten, und der allmächtige Tyrann schrieb eigenhändig seine Verfügung darauf:
»An den Genossen Medwed. Bitte helfen.«

Darauf wurde der Brief in das traurig-berühmte graue Haus am Litejnyj-Prospekt gebracht. Medwed stand bekanntlich bis kurz vor der Ermordung Kirows[3] an der Spitze des Leningrader NKWD[4]. Als Medwed das Papier mit der eigenhändigen Verfügung Stalins erhielt, drückte er auf alle Knöpfe des vor ihm stehenden Apparats auf einmal und rief damit sämtliche Abteilungsleiter zu sich. Eine Minute später war aus dem Korridor das Stampfen von Stiefeln zu hören, und nach zwei Minuten hatte sich Medweds Arbeitszimmer mit seinen Mitarbeitern gefüllt. Darauf hielt der Hausherr einen Monolog mit unflätigen Flüchen, dessen Sinn man ungefähr wie folgt wiedergeben kann:
»Wofür ernähre ich euch, Schmarotzer? … Seid ihr, Hundesöhne, denn blind? … An eurer Nase vorbei geht ein Brief

3 Sergej M. Kirow, Parteisekretär von Leningrad, 1934 ermordet.
4 Volkskommissariat für innere Angelegenheiten, 1934 gebildet, wurde 1954 zum KGB.

мо попадает самому хозяину, и я об этом ничего не знаю! Сию минуту найти этого, как его, Щедрина!… И чтоб я завтра же мог рапортовать в Москву!..

А сын знаменитого сатирика сидел в своей жалкой комнатёнке со своей старенькой женой и вовсе не подозревал, что вот-вот начнутся события, напоминающие сказку из «Тысячи и одной ночи». А тем временем к его дому подъехали грузовые машины, и доблестные чекисты вошли в квартиру. Для начала они в принудительном порядке выселили всех прочих жильцов этой коммуналки, погрузили их скарб на грузовики и увезли на новые места жительства. И тут же несколько бригад маляров приступили к ремонту всей квартиры – красили, клеили обои… Ещё два грузовика доставили со склада мебель, которую тут же расставили по всем комнатам. Привезли массу одежды для обоих – старика и старухи. Доставленный к ним работник отдела социального обеспечения тут же, на дому выписал им новые пенсионные книжки, где сумма пособия была доведена до максимальной. Привезли новую посуду – кухонную и столовую. И, наконец, стали прибывать из елисеевского магазины корзины со всякой роскошной снедью… И всё это в течение считанных часов. Затем чекисты стали прощаться с хозяевами обновлённого роскошного жилища, и старший, рапоряжавшийся всей грандиозной операцией, осведомился у оторопевшего старика:

direkt an den Chef, und ich weiß nichts davon! Findet augenblicklich diesen, wie heißt er, Schtschedrin! ... Und morgen will ich nach Moskau Meldung erstatten! ...«

Der Sohn des berühmten Satirikers aber saß in seinem erbärmlichen Kämmerchen mit seiner betagten Frau und ahnte nicht im Geringsten, dass gleich Ereignisse eintreten würden, die an ein Märchen aus »Tausendundeiner Nacht« erinnerten. Unterdessen fuhren Lastwagen vor seinem Haus vor und die heldenmütigen Tschekisten[5] betraten seine Wohnung. Als erstes ließen sie alle anderen Bewohner dieser Kommunalwohnung zwangsweise ausziehen, verluden ihre ärmliche Habe auf Lastwagen und transportierten sie an neue Wohnorte. Und gleich machten sich mehrere Malerbrigaden an die Renovierung der ganzen Wohnung – sie strichen sie neu, klebten Tapeten ... Zwei weitere Lastwagen brachten vom Lager Möbel, welche sogleich in allen Zimmern aufgestellt wurden. Sie brachten jede Menge Kleider für die beiden alten Leute mit. Der mitgeschickte Sozialversicherungsbeamte stellte ihnen gleich auf der Stelle neue Pensionshefte aus, in denen die Zuwendungssumme auf den Maximalbetrag angehoben wurde. Man brachte ihnen neues Geschirr: Küchen- und Tafelgeschirr. Und schließlich begannen aus dem Jelissejew-Laden Körbe mit allen denkbaren Delikatessen einzutreffen ... Und all dies im Laufe von wenigen Stunden. Dann begannen sich die Tschekisten von den Eigentümern der frischerneuerten Luxuswohnung zu verabschieden und der Vorgesetzte, der die ganze grandiose Operation geleitet hatte, erkundigte sich bei dem fassungslosen alten Mann:

5 Angehörige des Staatssicherheitsdienstes Tscheka (Außerordentliche Kommission zur Bekämpfung der Konterrevolution), 1917 gegründete sowjetische politische Geheimpolizei.

– Нет ли у вас ещё каких-нибудь просьб или пожеланий?

Тот немного подумал и, указав на свою жену, произнёс:

– Вот она хотела в кино сниматься…

»Hätten Sie noch irgendwelche Bitten oder Wünsche?«

Dieser dachte ein wenig nach und sagte dann auf seine Frau zeigend:

»Sie würde gern Filmschauspielerin werden …«

Пушкин на приёме у Сталина

– Здравствуйте, товарищ Пушкин! Ну, как Вы поживаете?

– Плохо, товарищ Сталин! Квартира у меня сырая, поэтому часто болею, чихаю, кашляю.

Сталин снимает трубку телефона, набирает номер:

– Домоуправление? Здравствуйте, с вами товарищ Сталин говорит! Тут ко мне Пушкин пришёл, жалуется, что у него квартира сырая, что он часто болеет, чихает, кашляет… Заранее признателен! *(Кладёт трубку.)*

– А что вы сейчас пишете, товарищ Пушкин?

– Да ничего, товарищ Сталин! Редакция не печатает мои стихи, гонорары кончаются, скоро не на что будет жить.

Сталин снова берёт трубку, набирает номер:

– Редакция? Здравствуйте, с вами товарищ Сталин говорит! Тут ко мне Пушкин пришёл, жалуется, что вы его стихи не печатаете, что у него скоро жить будет не на что… Заранее признателен! *(Кладёт трубку.)*

– Ну, а друзья у вас есть, товарищ Пушкин?

– Есть, конечно, товарищ Сталин!

– А они ходят к вам?

– Ходят, разумеется!

– И часто они к вам ходят?

– Да, частенько.

JURIJ BOREW

Puschkin wird von Stalin empfangen

»Guten Tag, Genosse Puschkin! Na, wie geht es Ihnen?«

»Schlecht, Genosse Stalin! Ich habe eine feuchte Wohnung, deshalb bin ich häufig krank, niese ich, huste ich.«

Stalin hebt den Hörer des Telefons ab, wählt eine Nummer:

»Hausverwaltung? Guten Tag, hier spricht Genosse Stalin! Da ist gerade Puschkin zu mir gekommen, er beschwert sich, dass seine Wohnung feucht ist, dass er häufig krank ist, niest, hustet … Besten Dank im voraus!« *(Er legt auf.)*

»Und was schreiben Sie gerade, Genosse Puschkin?«

»Eigentlich nichts, Genosse Stalin! Die Redaktion veröffentlicht meine Verse nicht, die Honorare gehen zu Ende, bald werde ich nichts mehr zum Leben haben.«

Stalin nimmt wieder den Hörer, wählt eine Nummer:

»Redaktion? Guten Tag, hier spricht Genosse Stalin! Da ist gerade Puschkin zu mir gekommen, er beschwert sich, dass Sie seine Verse nicht veröffentlichen, dass er bald nichts mehr zum Leben haben wird … Besten Dank im voraus!« *(Er legt auf.)*

»Und haben Sie Freunde, Genosse Puschkin?«

»Natürlich habe ich Freunde, Genosse Stalin!«

»Und besuchen sie Sie?«

»Sie besuchen mich selbstverständlich!«

»Und besuchen sie Sie oft?«

»Ja, ziemlich oft.«

– И в это время вы стихов не пишете?

– Конечно, товарищ Сталин, какие могут быть стихи, если друзья пришли?

– Значит, вам друзья мешают работать?

– Ну, если хотите, то в какой-то степени мешают.

Сталин снова берёт трубку, набирает номер:

– Товарищ Берия? Здравствуйте, с вами товарищ Сталин говорит! Тут ко мне Пушкин пришёл, жалуется, что ему друзья работать мешают… Заранее признателен! *(Кладёт трубку.)*

– До свидания, товарищ Пушкин! Желаю вам больших творческих успехов!

– До свидания, товарищ Сталин!

Как только за Пушкиным закрывается дверь, Сталин опять берёт трубку и набирает номер:

–Товарищ Дантéс? Здравствуйте, с вами товарищ Сталин говорит! Тут ко мне Пушкин приходил. На всех он жалуется, всеми он недоволен, все ему мешают… Заранее признателен! *(Кладёт трубку.)*

»Und währenddessen schreiben Sie keine Verse?«

»Natürlich, Genosse Stalin, von welchen Gedichten kann die Rede sein, wenn die Freunde da sind?«

»Heißt das, dass die Freunde Sie bei der Arbeit stören?«

»Wenn Sie so wollen, stören sie gewissermaßen.«

Stalin nimmt wieder den Hörer, wählt eine Nummer: »Lawrentij Berija[1]? Guten Tag, mit Ihnen spricht Genosse Stalin! Da ist gerade Puschkin zu mir gekommen, beklagt sich, dass seine Freunde ihn bei der Arbeit stören … Besten Dank im voraus!« *(Er legt auf.)*

»Auf Wiedersehen, Genosse Puschkin! Ich wünsche Ihnen großen Erfolg bei Ihrer schöpferischen Arbeit!«

»Auf Wiedersehen, Genosse Stalin!«

Kaum ist die Tür hinter Puschkin zugegangen, nimmt Stalin den Hörer wieder und wählt eine Nummer: »Genosse Dantès[2]? Guten Tag, hier spricht Genosse Stalin! Da war gerade Puschkin bei mir. Er beschwert sich über alle, ist mit allen unzufrieden, alle stören ihn … Besten Dank im voraus!« *(Er legt auf.)*

1 1938–53 Chef des gesamten Polizei-, Nachrichten- und Sicherheitsdienstes.
2 Georges Dantès erschoss 1837 Alexander Puschkin im Duell.

ИЛЬЯ БУТМАН

Страж

В первый день работы вахтёра Гунькова начальник сказал ему:

– Следи за тем, чтобы с фабрики не выносили продукцию.

Вахтёр всю смену добросовестно осматривал портфели покидающих предприятие рабочих, но в них ничего не было.

– А что наша фабрика производит? – поинтересовался Гуньков на следующий день.

– Портфели, – ответил ему начальник.

ILJA BUTMAN

Der Wächter

Am ersten Arbeitstag des Wachmanns Gunkow sagt ihm sein Chef:
»Pass auf, dass keine Erzeugnisse der Fabrik hinausgetragen werden.«

Während der ganzen Schicht durchsuchte der Wachmann gewissenhaft die Aktentaschen der Arbeiter, welche den Betrieb verließen, aber es war nichts darin.

»Und was erzeugt unsere Fabrik?«, fragte Gunkow am nächsten Tag.

»Aktentaschen«, antwortete ihm der Chef.

ВИКТОР ВЕРИЖНИКОВ

Узкий специалист

Прикольский работал в городском парке. В трудовой книжке его должность числилась так: «Утаптыватель дорожек в снегу». Конечно, дорожки можно было прокладывать и с помощью каких-нибудь машин, но руководство парка считало, что путь, протоптанный чьими-то ногами, вызывает больше доверия.

– Раз кто-то прошёл, так и я пройду, вот как они подумают, – говорил директор парка. – А машина что? Она и есть машина.

После снегопадов Прикольский утаптывал дорожки, а директор шёл сзади и давал указания:

– Увереннее шаг, увереннее! Чтобы чётче был след. А то посетители подумают, что вы боитесь, и сами станут бояться. Да и торопиться тоже не торопитесь. Чтобы подошва полностью отпечатывалась, а не только носок. А то подумают, что вы от кабана убегали. Станут ходить в такой парк, где кабаны водятся?

– Да как же от кабана? – отвечал Прикольский. – Кабаньи-то следы где?

– Ну, от коршуна, боже мой! От коршуна! Не придирайтесь к слову.

Но, в общем, квалификация у Прикольского была высокая. Второго такого специалиста не было – это уж точно.

WIKTOR WERISCHNIKOW

Ein hochspezialisierter Fachmann

Prikolskij arbeitete im Stadtpark. Im Arbeitsbuch war seine Funktion angegeben als »Schneefeststampfer«. Natürlich konnte man die Wege auch mit Hilfe irgendwelcher Maschinen bahnen, aber die Parkverwaltung war der Meinung, dass ein Pfad, der von jemandes Füßen ausgetreten ist, mehr Vertrauen erweckt.

»Wenn schon jemand da durchgegangen ist, gehe ich auch da durch, so werden sie denken«, sagte der Parkdirektor. »Was ist eine Maschine? Sie ist und bleibt eine Maschine.«

Nach Schneefällen stampfte Prikolskij die Wege fest und der Direktor ging hinter ihm her und gab Anweisungen: »Gehen Sie mit sichererem Schritt, sicherer! Damit die Spur deutlicher ist. Sonst glauben die Besucher, dass Sie Angst haben, und haben gleich selber Angst. Aber zu beeilen brauchen Sie sich auch nicht. So dass die Sohle einen vollständigen Abdruck hinterlässt, und nicht nur die Zehenspitzen. Sonst werden sie denken, dass Sie vor einem Wildschwein davongelaufen sind. Wer will schon in einen Park gehen, wo es Wildschweine gibt?«

»Wieso vor einem Wildschwein?«, antwortete Prikolskij. »Wo sind denn die Wildschweinspuren?«

»Dann eben vor einem Geier, mein Gott! Vor einem Geier! Legen Sie mir nicht jedes Wort auf die Goldwaage«.

Aber im Großen und Ganzen war Prikolskij hochqualifiziert. Einen solchen Spezialisten gab es nicht zweimal – das war sicher.

По субботам и воскресеньям у Прикольского был выходной. У него имелось много родственников, а у многих из родственников имелись дачи за городом. И Прикольского наперебой приглашали в гости – подышать воздухом, а заодно, конечно, утоптать дорожки.

– Мы так не сумеем. А ты специалист!

А вот понедельник был у Прикольского самым тяжёлым днём. За выходные посетители успевали протоптать множество дорожек в совершенно неправильных направлениях, и нужно было все их ликвидировать с помощью грабель. С граблями управляться было тяжело – тут Прикольский не был таким специалистом.

– Ну ничего, – говорил уставший за день Прикольский, попивая чай в конторе парка. – Скоро отпуск.

Отпуск у Прикольского был 246 рабочих дней плюс два дня за выслугу лет. Но однажды директор парка сказал ему:

– Вот какое дело. Вашу должность сокращают.

– Но … но как же посетители будут сами протаптывать дорожки? Они ведь протопчут куда не надо …

– Куда протопчут, туда и протопчут. Как им удобно, пусть так и будет. Теперь такое мнение.

– А я? Я ведь ничего другого делать не умею. Я узкий специалист, – выложил Прикольский свой главный аргумент, поскольку второстепенный не прошёл.

– А с вами … С вами вот что. Поступили сигналы, что из листьев, собранных в нашем парке,

Samstags und Sonntags hatte Prikolskij frei. Er hatte viele Verwandte und viele seiner Verwandten hatten Datschas in der Umgebung der Stadt. Prikolskij wurde ununterbrochen eingeladen – um etwas an die frische Luft zu kommen und nebenbei, natürlich, die Wege festzustapfen.

»Wir bringen das so nicht fertig. Aber du bist eben ein Spezialist!«

Der Montag aber war für Prikolskij der schwerste Tag. Während der dienstfreien Tage gelang es den Besuchern, eine große Menge Wege in völlig falsche Richtungen auszutreten, sie alle mussten mit Hilfe einer Harke liquidiert werden. Mit einer Harke war schwer zurechtzukommen – hier war Prikolskij kein Fachmann.

»Macht nichts«, sagte der vom Tage ermüdete Prikolskij, als er im Büro des Parks gemütlich seinen Tee trank. »Bald sind Ferien.«

Prikolskij hatte 246 Arbeitstage Ferien plus 2 Tage für langjährige Dienste. Eines Tages sagte der Parkdirektor zu ihm:

»Es geht um Folgendes. Ihre Stelle wird gestrichen.«

»Aber … aber werden denn die Besucher ihre Wege selber austreten? Sie treten doch ganz falsche Wege aus …«

»Sollen sie nur Wege austreten, wo sie welche austreten wollen. Wie es ihnen passt, so soll es auch sein. Das ist jetzt die herrschende Meinung.«

»Und ich? Ich habe doch nichts anderes gelernt. Ich bin hochgradig spezialisiert«, brachte Prikolskij sein schwerwiegendstes Argument hervor, denn ein zweitrangiges genügte hier nicht.

»Mit Ihnen … Mit Ihnen geschieht Folgendes. Es sind Meldungen eingegangen, dass aus den Blättern, die in un-

гонят самогон. В общем, вводится должность инспектора по листьям. Будете следить, чтобы из парка листья не выносили. Отпуск – 306 рабочих дней. Ну как?

– Да не знаю, справлюсь ли... – пробормотал Прикольский.

– Ну, сразу, может, и не справитесь, а через годик-другой втянетесь. Так согласны?

– Согласен, – согласился Прикольский.

Директор поглядел в окно. Шёл снег.

– А пока... сказал директор. – А пока идите в отпуск.

Комета

Как-то раз возле кинотеатра «Комета» на Караван-Сараева упала комета. Комета – пористая, бурого цвета, была небольшая, но крепкая, так что на голове стала вздуваться шишка. Впрочем, это мог быть астероид или метеорит, Караван-Сараев не очень в этом разбирался, но что на него упало редкое инопланетное тело, сомнений не было. Караван-Сараев принёс тело домой, вымыл с мылом, натёр его средством для блеска, привязал для красоты ленточку и отправился в НИИ астрономии, что находился как раз напротив кинотеатра.

serem Park gesammelt werden, Branntwein gebrannt wird. Kurz, es wird die Stelle eines Blattinspektors geschaffen. Sie werden dafür sorgen, dass aus dem Park keine Blätter weggetragen werden. Es gibt 306 Arbeitstage Ferien. Was meinen Sie?«

»Ich weiß nicht, ob ich damit fertig werde …«, murmelte Prikolskij.

»Zuerst werden Sie, vielleicht, nicht damit fertig, aber nach ein, zwei Jahren werden Sie sich eingewöhnen. Sind Sie also einverstanden?«

»Einverstanden«, Prikolskij erklärte sich einverstanden.

Der Direktor schaute aus dem Fenster. Es schneite.

»Aber vorläufig …«, sagte der Direktor. »Aber vorläufig gehen Sie in Urlaub.«

Der Komet

Eines Tages fiel Herrn Karawan-Sarajew neben dem Kino »Komet« ein Komet auf den Kopf. Der Komet war porös, von brauner Farbe, nicht sehr groß, aber hart, so dass auf seinem Kopf eine Beule zu schwellen begann. Im Übrigen konnte es auch ein Asteroid oder Meteorit sein, Karawan-Sarajew kannte sich damit nicht sehr gut aus, aber daran, dass ein seltener Himmelskörper außerirdischen Ursprungs auf ihn herabgefallen war, bestand kein Zweifel. Karawan-Sarajew trug den Himmelskörper nach Hause, wusch ihn mit Seife, rieb ihn mit Glanzmittel ein, band zur Verschönerung eine Schleife daran und machte sich auf den Weg ins Forschungsinstitut für Astronomie, welches sich gleich gegenüber dem Kino befand.

В отделе инопланетных тел НИИ сидел человек в широких, как украинские шаровары, нарукавниках. На руке у него был компас. Стрелка показывала на дверь.

– Я принёс вам комету, – сказал Караван-Сараев.

Человек устало вздохнул.

– Или астероид.

Человек взял комету, снял с неё ленточку и протянул Караван-Сараеву. Потом распахнул окно и выбросил комету туда. Она шлёпнулась рядом с кинотеатром.

– Шлак это, гражданин. Самый обычный, – сказал он. – Пятый раз я его в окно выкидываю, и пятый раз его обратно приносят…

Караван-Сараев вышел не попрощавшись и, более того, хлопнул дверью. Внизу он разыскал свою комету и бережно взял её в руки.

– Шлак, шлак, – пробормотал он. – Для них всё – шлак.

Дома он положил свою находку в сервант – на видное место. А рядом поместил бумажку с красивой надписью – «Комета». Чтобы всем сразу было понятно.

In der Abteilung für außerirdische Himmelskörper des Forschungsinstituts saß ein Mann mit Ärmelschonern, die so weit waren wie ukrainische Pluderhosen. Er hatte einen Kompass am Arm. Die Nadel zeigte auf die Tür.

»Ich bringe Ihnen einen Kometen«, sagte Karawan-Sarajew.

Der Mann gab einen müden Seufzer von sich.

»Oder einen Asteroiden.«

Der Mann nahm den Kometen, band die Schleife ab und reichte sie Karawan-Sarajew. Dann öffnete er das Fenster und warf den Kometen hinaus. Er plumpste neben dem Kino hin.

»Schlacke ist das, mein Herr. Die allergewöhnlichste«, sagte er. »Zum fünften Mal werfe ich das aus dem Fenster und zum fünften Mal bringt man es mir zurück …«

Karawan-Sarajew ging hinaus, ohne sich zu verabschieden, und schlug auch noch die Tür zu. Unten suchte er sich seinen Kometen wieder und nahm ihn behutsam in die Hand.

»Schlacke, Schlacke«, murmelte er. »Für die ist alles Schlacke.«

Zu Hause legte er seinen Fund auf die Anrichte – auf einen gut sichtbaren Platz. Daneben plazierte er einen Zettel mit der schönen Aufschrift: »Komet«. Damit alle gleich verstanden.

Прожектор

Объявление гласило: «Требуются прожектористы».

«Устроиться, что ли?» – подумал Вакутин. И устроился.

– Вот это и будет ваше рабочее место, – сказал начальник (так он представился), когда они поднялись на вышку. – Будете стоять здесь и освещать. Вот этим прожектором.

– А что освещать-то? – поинтересовался Вакутин.

– Дело не в том, что освещать, а в том, как освещать, – ответил начальник. – А освещать нужно хорошо. Вот стойте здесь и освещайте. Тем более что уже стемнело. Только, ради Бога, не поворачивайте прожектор направо или налево.

Начальник опустился, а Вакутин стал освещать. Кругом было темно, только луч света выхватывал из этой темноты кусочек абсолютно пустынной местности. Где-то лаяли собаки, ухали филины (филинов было больше), шурша крыльями, проносились летучие мыши. Справа от прожектора кто-то покряхтывал, а слева доносился визг пилы и негромкий разговор на непонятном языке. Вакутин испытывал почти непреодолимое желание повернуть прожектор в какую-либо сторону, но сдерживал себя.

– Как служба? – спросил начальник, поднявшись на вышку. Он стряхивал что-то с бровей и одновременно облизывался.

Der Scheinwerfer

In der Anzeige stand: »Schweinwerferleute gesucht«.

»Soll ich mich melden?«, dachte Wakutin. Und er meldete sich.

»Und genau hier wird Ihr Arbeitsplatz sein«, sagte der Chef (so hatte er sich vorgestellt), als sie auf den Turm gestiegen waren. »Sie werden hier stehen und beleuchten. Mit diesem Scheinwerfer da.«

»Und was soll ich beleuchten?«, interessierte sich Wakutin.

»Es kommt nicht darauf an, was Sie beleuchten, sondern wie Sie es beleuchten«, antwortete der Chef. »Sie sollen nämlich gut beleuchten. Stellen Sie sich hier hin und beleuchten Sie. Umso mehr, als es schon dunkel ist. Nur drehen Sie um Gottes Willen den Scheinwerfer nicht nach rechts oder nach links.«

Der Chef stieg hinunter und Wakutin begann zu beleuchten. Ringsum war es dunkel, nur der Lichtstrahl entriss der Dunkelheit ein Stück absolut öden Geländes. Irgendwo bellten Hunde, die Uhus riefen (es waren mehr Uhus als Hunde), mit rauschenden Flügeln jagten Fledermäuse vorbei. Rechts des Scheinwerfers stöhnte jemand von Zeit zu Zeit, und von links ertönte das Kreischen einer Säge und ein leises Gespräch in einer unverständlichen Sprache. Wakutin verspürte ein fast unüberwindliches Verlangen, den Scheinwerfer in irgendeine Richtung zu drehen, aber er beherrschte sich.

»Was macht der Dienst?«, fragte der Chef, der auf den Turm gestiegen war. Er strich sich etwas aus den Augenbrauen und leckte sich gleichzeitig die Lippen.

– Хорошо, – ответил Вакутин севшим от волнения голосом.

– Ну и отлично, – обрадовался начальник. – Только умоляю: не поворачивайте прожектор!

Прошло несколько часов. Собаки лаяли по-прежнему, а остальные звуки постепенно прекратились, только кто-то крикнул пару раз жутким голосом: «ыу!» «!ыу!» – и что-то проскрежетало позади освещённого участка.

Едва начало светлеть, начальник снова взобрался на вышку, выключил прожектор и увёл Вакутина вниз, в жарко натопленную и хорошо освещённую каморку с абсолютно голыми стенами.

– Так. Отдежурили – получайте пенсию, – сказал начальник.

– Пенсию? – удивился Вакутин. – Вы хотели сказать – зарплату?

– Нет, пенсию. У нас такое правило: ночь отдежурил – можно идти на пенсию. Поэтому нам всё время и требуются прожектористы.

– Но я не заслужил … – неуверенно протянул Вакутин.

– Заслужили. Другие за всю жизнь не приносят столько пользы, сколько вы принесли за одно дежурство. Главное не в этом, а в том, что вы кое-что не освещали. А вообще – задайте лучше другой вопрос.

– А пенсия большая?

– Вот это другое дело, – с облегчением сказал начальник. – Шестьдесят три рубля. С вас немного высчитали за то, что на прожекторе краска облупилась.

»Alles in Ordnung«, antwortete Wakutin mit vor Aufregung belegter Stimme.

»Na prächtig«, freute sich der Chef. »Aber ich beschwöre Sie: Drehen Sie nicht den Scheinwerfer!«

Es vergingen einige Stunden. Die Hunde bellten nach wie vor, aber die übrigen Geräusche waren allmählich verstummt, es hatte nur jemand ein paar Mal mit unheimlicher Stimme »yu!« »yu!« geschrien und hinter dem beleuchteten Grundstück war ein Knirschen hörbar.

Kaum begann es hell zu werden, kletterte der Chef wieder auf den Turm hinauf, schaltete den Scheinwerfer aus, brachte Wakutin hinunter in ein warm geheiztes und gut beleuchtetes fensterloses Zimmer mit völlig nackten Wänden.

»Gut. Sie haben Ihren Dienst beendet – nehmen Sie Ihre Rente entgegen«, sagte der Chef.

»Rente?«, wunderte sich Wakutin. »Sie meinen – Lohn?«

»Nein, Rente. Bei uns gilt die Regel: Wer eine Nacht gedient hat, kann in Pension gehen. Deshalb brauchen wir ständig Scheinwerferleute.«

»Aber ich habe es nicht verdient«, sagte Wakutin unsicher mit schleppender Stimme.

»Sie haben es verdient. Andere machen sich ihr ganzes Leben lang nicht so nützlich wie Sie in einer einzigen Dienstnacht. Aber das ist nicht die Hauptsache, sondern dass Sie manches nicht beleuchtet haben. Und überhaupt, fragen Sie mich lieber etwas anderes.«

»Ist die Rente hoch?«

»Schon besser«, sagte der Chef erleichtert. »Dreiundsechzig Rubel. Es wurde Ihnen etwas abgezogen, weil vom Scheinwerfer Farbe abgeblättert ist.«

– А можно я у вас ещё поработаю? – спросил Вакутин.

– Пожалуйста. Только учтите: работающим пенсионерам пенсия не сохраняется.

Уродились огурцы

Провожая Николая Хмелькова на войну, мать ему так говорила:

– Ты, сынок, себя береги. Подвиги совершай, но неопасные для жизни. Рискуй в меру. Увидишь, пуля летит или снаряд какой – отойди лучше в сторонку. Танкам дорогу уступай. Будешь дорогу переходить – посмотри первым делом, не идёт ли танк. Я тебя растила не под танк! Думаешь, для того я тебя Николаем назвала, в честь императора, чтобы ты под гусеницы? Фамилия у тебя могла другая быть и отчество тоже, а имя я тебе сама выбрала. Будут в плен брать – не иди. Скажи – так и так, у матери пенсия маленькая, да и борщ мне она уже приготовила. Тут ведь не всё неправда. Пенсия у меня хоть и большая, но борщ-то действительно готов. Немытых фруктов не ешь. Немытый фрукт лучше противнику в окоп кинь. Именно противнику, чтоб ему пусто было! Противогазы не занашивай, меняй чаще! И с поля боя не беги! А страшно будет в

»Könnte ich bei Ihnen noch weiter arbeiten?«, fragte Wakutin.

»Bitte sehr. Aber bedenken Sie: Rentner, die arbeiten, deren Rente ist nicht gesichert.«

Die Gurken stehen gut

Während Nikolaj Chmelkows Mutter ihren Sohn zu dem Zug begleitete, der ihn in den Krieg bringen sollte, sagte sie zu ihm:
»Pass auf dich auf, mein Söhnchen. Du kannst ruhig Heldentaten vollbringen, aber nur wenn sie nicht lebensgefährlich sind. Riskiere immer mit Vorsicht. Wenn du siehst, dass eine Kugel geflogen kommt oder so ein Geschoss, dann tritt lieber beiseite. Panzern lass den Vortritt. Wenn du über die Straße gehst, schau zuerst, ob auch kein Panzer kommt. Ich habe dich nicht aufgezogen, damit du unter einen Panzer kommst. Denkst du, ich hätte dich Nikolaj genannt, dem Imperator zu Ehren, damit du unter die Raupenketten kommst? Dein Familienname und dein Vatersname könnten anders sein, aber deinen Vornamen habe ich dir selbst ausgewählt. Wenn sie dich gefangen nehmen, geh nicht mit. Sag doch einfach, meine Mutter hat eine niedrige Rente, und außerdem hat sie mir meinen Borschtsch schon gekocht. Das ist ja nicht ganz falsch. Meine Rente ist zwar hoch, aber der Borschtsch ist wirklich schon fertig. Iss kein ungewaschenes Obst. Wirf das ungewaschene Obst besser dem Feind in den Schützengraben. Nur ihm, dem Feind, dem Vermaledeiten! Trag die Gasmasken nicht zu lange, wechsle sie öfter! Kehr dem Schlachtfeld nicht den

атаку идти или лень – так отпросись у командира. Что он, не поймёт? Военную тайну никому не выдавай, только мне потом расскажешь – какие от матери секреты? Плейер там подолгу не слушай – уши заболят. Ну уж если совсем скучно в карауле каком станет – так включи, но в меру. Кстати, в разведку пойдёшь – посмотри заодно, уродились ли нынче огурцы. Ну, пока, сынок!

Николай вернулся с войны только вечером.

– Почему так поздно? – мать упёрла руки в бока. – Уже десять часов! Я борщ тебе два раза подогревала… И хоть бы позвонил!

– Так война же, мама!

– Война, война! Вечно ты найдёшь оправдание! Ну, кушай же борщ, кушай!

Мать ушла, а Николай расстегнул гимнастёрку и потрогал широкую красно-белую повязку на груди. Она была тёплой и липкой. Он снова поспешно застегнул гимнастёрку.

– Вот тебе ещё яичница с колбасой! – мать внесла дымящуюся сковородку. – А огурцы уродились нынче, не разведал?

– Уродились нынче огурцы, мама, – ответил сын. – Уродились.

Rücken! Und wenn du Angst hast anzugreifen oder zu bequem dazu bist – dann bitte den Kommandanten um einen kurzen Urlaub. Wird er das etwa nicht verstehen? Verrate niemandem ein Militärgeheimnis, nur mir erzähl es später – vor seiner Mutter soll man keine Geheimnisse haben! Hör deinen Walkman nicht zu lang – du machst dir die Ohren kaputt. Nun ja, wenn es dir beim Wachestehen allzu langweilig wird, dann schalt ihn ein, aber mit Maßen. Übrigens, wenn du auf Erkundigung gehst, dann schau auch gleich, ob die Gurken dieses Jahr gut stehen. Dann bis später, mein Sohn!«

Nikolaj kam erst abends aus dem Krieg zurück.

»Warum kommst du so spät?«, sagte die Mutter und stemmte die Arme in die Seiten. »Es ist schon zehn! Ich habe dir deinen Borschtsch schon zweimal aufgewärmt… Du hättest wenigstens anrufen können!«

»Das ist eben der Krieg, Mutter!«

»Der Krieg, der Krieg! Du findest ständig eine Ausrede! Nun iss ja deinen Borschtsch, iss!«

Die Mutter ging hinaus, Nikolaj aber knöpfte sein Militärhemd auf und berührte einen breiten rot-weißen Verband an der Brust. Er war warm und klebrig. Nikolaj knöpfte hastig das Militärhemd wieder zu.

»Da hast du noch eine Wurstomelette!« Die Mutter trug eine dampfende Pfanne herein. »Und hast du ausgekundschaftet, ob die Gurken dieses Jahr gut stehen?«

»Die Gurken stehen dieses Jahr gut, Mutter«, antwortete der Sohn. »Die stehen gut.«

Яблоки и яблони

Сад у Собакошкина был не ахти какой, но несколько яблонь в нём всё же росли. И росли, казалось бы, не напрасно – в положенное время цвели, затем на них завязывались яблочки, постепенно наливались чем-то приятным и полезным. А потом – в одну из ночей – бесследно исчезали, будто растворялись в свежем пригородном воздухе.

Так было и на этот раз. Все тридцать семь яблок – скромные плоды усилий Собакошкина и его яблонь – исчезли. И ни одного чужого следа на дорожке, ни одного клочка незнакомой рубашки на кольях забора, ни одного отпечатка пальцев на стволах!

– Нет, не видел, – ответил Собакошкину сосед. – А ты как, жениться не собираешься?

– Какая тут женитьба, если яблоки пропали! – резко махнул рукой Собакошкин.

– Извини, у меня больше нет времени говорить, – сообщил сосед. – У меня и корова на доена, и жена не трахнута…

Собакошкин знал, что это лишь его обычная присказка. Коровы у соседа тем более не имелось, но и женат он в данный момент не был. А Собакошкин был женат трижды, и все три его жены ушли к соседу. Правда, и от соседа все они потом ушли. Так что в вопросе соседа был, пожалуй, некоторый подтекст.

Собакошкин запер калитку и пошёл в город – искать свои яблоки. По дороге ему встретились: му-

Äpfel und Stämme

Sobakoschkin hatte keinen sehr schönen Garten, aber ein paar Apfelbäume wuchsen doch darin. Und sie wuchsen anscheinend nicht umsonst – zur vorgesehenen Zeit blühten sie, danach erschienen kleine Äpfel, die allmählich angenehme und gesunde Fülle gewannen. Und dann – eines Nachts – verschwanden sie spurlos, als ob sie sich in der frischen Vorstadtluft aufgelöst hätten.

So war es auch dieses Mal. Alle siebenunddreißig Äpfel – die bescheidenen Früchte der Anstrengungen Sobakoschkins und seiner Apfelbäume – waren verschwunden. Und nicht eine einzige fremde Spur auf dem Weg, nicht ein einziger Fetzen eines unbekannten Hemdes auf den Zaunpfählen, kein einziger Fingerabdruck auf den Stämmen!

»Nein, ich habe nichts gesehen«, antwortete Sobakoschkins Nachbar. »Übrigens, willst du nicht wieder heiraten?«

»Wie kannst du vom Heiraten reden, wenn die Äpfel verschwunden sind!«, sagte Sobakoschkin mit einer heftigen Handbewegung.

»Entschuldige, ich habe keine Zeit weiter zu reden«, ließ ihn der Nachbar wissen. »Meine Kuh ist noch nicht gemolken, und meine Frau ist noch nicht gef…«

Sobakoschkin wusste, dass das nur einer seiner üblichen Sprüche war. Der Nachbar hatte obendrein keine Kuh, und verheiratet war er zur Zeit auch nicht. Sobakoschkin aber war dreimal verheiratet gewesen, und alle seine drei Frauen hatten ihn um des Nachbars willen verlassen. Sie alle hatten allerdings auch den Nachbarn später verlassen. Sodass die Frage des Nachbarn einen Hintersinn hatte.

Sobakoschkin verschloss das Gartentörchen und ging in die Stadt, um seine Äpfel zu suchen. Auf dem Weg begeg-

жик с серпом, другой рукой прижимавший к себе охапку сена и возбуждённо повторявший: «Накосил! Накосил!»; нетрезвая баба с литровой банкой, в которой плавали мелкие рыбки, вроде салак или килек (баба всё время повторяла: «Потерпите, мои рыбоньки, уже скоро!»); марширующий пожилой джентльмен в кепке, за которым шёл музыкант с трубой.

– Люблю маршировать под музыку, – пояснил джентльмен Собакошкину, на секунду остановившись. – Больше я ничего себе не позволяю. Денег хватает только на хлеб да вот на это.

Кроме того, Собакошкину встретились ещё сорок три человека, но яблок ни у кого не было.

В городе у здания с огромной неоновой надписью на крыше: «Петька-дурак!» продавались пирожки с чаем. А собакошкинские яблоки не продавались. Поэтому Собакошкин купил один пирожок, влажный и тёплый.

– А чай? – спросил Собакошкин.

– Чай внутри, – объяснила продавщица.

Чай был крепкий и ароматный.

– Вы тут какого-нибудь подозрительного человека с яблоками не видели? – спросил Собакошкин у седобородого старца, сидевшего прямо на асфальте, у стены.

– Нет, не видел, – ответил старец. – Но вот тебе одна поучительная история. Один прекрасный юноша купил семь прекрасных цветков и отправился на свидание к своей прекрасной возлюбленной. Но по дороге он увидел другую прекрасную девушку и отдал один цветок ей. Цветков осталось

neten ihm: ein Mann mit einer Sichel, der mit der anderen Hand ein Bündel Heu an sich drückte und aufgeregt wiederholte: »Das alles habe ich gemäht! Das alles habe ich gemäht!«; ein angetrunkenes Weib mit einem großen Einmachglas, in dem kleine Fische schwammen, in der Art von Strömlingen oder Sprotten (das Weib wiederholte die ganze Zeit: »Geduld, meine Fischchen, bald ist es soweit!«); ein älterer Gentleman mit einer Schirmmütze, der marschierte, und hinter dem ging ein Musikant mit einer Trompete.

»Ich liebe es, zu Musik zu marschieren«, erläuterte der Gentleman kurz innehaltend Sobakoschkin. »Sonst gönne ich mir nichts. Das Geld reicht nur für Brot und dafür«.

Außerdem traf Sobakoschkin noch dreiundvierzig Leute, aber keiner hatte seine Äpfel.

In der Stadt, vor dem Gebäude mit der riesigen Neonlosung auf dem Dach »Pjotr ist ein Narr!«, wurden gefüllte Pastetchen mit Tee verkauft. Aber nicht die sobakoschkinschen Äpfel. Deshalb kaufte Sobakoschkin ein Pastetchen. Es war feucht und warm.

»Und der Tee?«, fragte Sobakoschkin.

»Der Tee ist da drin«, erklärte die Verkäuferin.

Der Tee war stark und aromatisch.

»Haben Sie hier nicht zufällig einen verdächtigen Mann mit Äpfeln gesehen?«, fragte Sobakoschkin einen alten Weisen mit weißem Bart, der auf dem bloßen Asphalt an der Hauswand saß.

»Nein, habe ich nicht«, antwortete der Weise. »Aber hier habe ich für dich eine lehrreiche Geschichte. Ein schöner Jüngling kaufte sieben schöne Blumen und begab sich zu einem Treffen mit seiner schönen Angebeteten. Aber auf dem Weg sah er ein anderes schönes Mädchen und gab ihm eine Blume. So blieben sechs Blumen übrig. Und als er ins

шесть. И когда он пришёл в дом своей возлюбленной и хотел вручить ей букет, то узнал, что она только что умерла. Вот как!

– И в чём же тут поучительность? – не понял Собакошкин.

– А вот в чём, – пояснил старец. – Во-первых: не гоняйся за всеми сразу – будь верен одной. А во-вторых – не дари живому человеку чётное число цветов...

История показалась Собакошкину всё же недостаточно поучительной, и он оставил рассказчика без гонорара.

Он зашёл в парикмахерскую, где ему покрасили усы и сделали наручную татуировку на испанском языке, но насчёт яблок ничего не сказали. Яблоки продавались в сберкассе, как раз под плакатом «Лица с пистолетами, пулемётами и гранатами не обслуживаются». Опять не его! И тут он решил зайти на рынок. Ну конечно! Его яблоки продавались с лотка, все тридцать семь яблок были в комплекте, что было и радостно, и чуть-чуть обидно. Продавал их какой-то безмозглый мозгляк, как сразу окрестил его Собакошкин. Он был настолько противен Собакошкину, что тот даже не стал выяснять, откуда товар – просто купил все яблоки и понёс домой.

...Когда Собакошкин привязывал последнее яблоко обратно к ветке (кажется, два-три яблока оказались всё-таки не на своих местах), его окликнул сосед:

– А я знаю, почему от тебя жёны уходят. Обижа-

Haus seiner Angebeteten kam und ihr den Strauß überreichen wollte, erfuhr er, dass sie gerade verstorben war. So ist es!«

»Und was ist daran lehrreich?« Sobakoschkin verstand nicht.

»Folgendes«, erklärte der bärtige Weise. »Erstens: jage nicht allen gleichzeitig nach – sei einer treu. Und zweitens – schenke einem lebendigen Menschen nicht eine gerade Anzahl Blumen ...«

Die Geschichte erschien Sobakoschkin dennoch nicht genügend lehrreich und er ließ den Erzähler ohne ein Honorar.

Er ging in einen Friseursalon, wo man ihm den Schnurrbart färbte und ihm etwas Spanisches auf die Hand tätowierte, aber betreffs der Äpfel konnte man ihm nichts sagen. Äpfel wurden in der Sparkasse verkauft, gerade unter dem Schild »Personen mit Pistolen, Maschinengewehren und Granaten werden nicht bedient«. Wieder nicht seine! Da beschloss er auf den Markt zu gehen. Seine Äpfel wurden an einem Stand verkauft, alle siebenunddreißig Äpfel waren noch vollzählig beisammen, was ihn einerseits freute, aber andererseits ein bisschen beleidigte. Sie wurden von irgendeinem hirnlosen Wicht verkauft, wie Sobakoschkin ihn sofort taufte. Er war Sobakoschkin derart zuwider, dass er gar nicht erst anfing klarzustellen, woher die Ware stammte – er kaufte einfach alle Äpfel und trug sie nach Hause.

... Als Sobakoschkin den letzten Apfel zurück an seinen Zweig band (anscheinend waren zwei, drei Äpfel doch nicht an ihrem Platz), rief ihm der Nachbar zu:
»Ich weiß, warum dir deine Frauen davonlaufen. Sie sind

ются они. Вот ты говоришь, что работаешь заливщиком, а что это такое – скрываешь.

– Да я не скрываю, – устало ответил Собакошкин (и так день выдался тяжёлый). – Тут вот в чём дело – понимать-то я понимаю, что это такое, а словами объяснить не могу…

…Так как теперь с яблоками и яблонями было всё в порядке, Собакошкин решил жениться и женился. Ну потом-то, конечно, жена ушла к соседу, поскольку ей Собакошкин не сумел объяснить, что такое заливщик. Но это было именно потом.

beleidigt. Du sagst, zum Beispiel, dass du als Einflößer arbeitest, aber was das bedeutet – hältst du geheim.«

»Ich halte es ja nicht geheim«, antwortete Sobakoschkin müde (er hatte auch einen schweren Tag gehabt). »Die Sache ist so – verstehen tu ich schon, was das bedeutet, aber ich kann es nicht in Worten erklären.«

... Da jetzt mit den Äpfeln und den Apfelbäumen alles in Ordnung war, beschloss Sobakoschkin zu heiraten und heiratete. Später dann verließ ihn natürlich seine Frau um des Nachbars willen, da Sobakoschkin ihr nicht erklären konnte, was ein Einflößer ist. Aber das war eben später.

Крот и яйцо

Крот, как и все кроты на свете, был от рождения слеп. А потому носил тёмные очки и, хотя брёл буреломом без всякого разбора, всё же постукивал перед собой палочкой.

Пересекая тропинку, Крот задел лежавшее на ней яйцо. Оно завертелось, и из него раздался возмущённый вопль:

– Нельзя ли поосторожней?!

– Миллион извинений, – Крот прилежно шаркнул лапкой и остановился. Ему очень хотелось поддержать беседу. – Кхе-кхе, как тесен мир.

В яйце поёрзали и согласились:

– Действительно, мир очень тесен.

– Да-да, – Крот старался понравиться собеседнику и даже поправил чёлочку над очками. – Скажите, а как по-вашему выглядит мир?

– Обыкновенно. Мир – это яйцо.

– Да-да, мне говорили. Но правда ли, что он вертится? Не могу поверить!

– И всё-таки он вертится! – уверенно отозвались из яйца и добавили: – Иногда. Вот только что, например, вертелся. А теперь перестал.

– Как это неожиданно! Как интересно! – тонко

MARINA WISCHNEWEZKAJA

Der Maulwurf und das Ei

Der Maulwurf war wie alle Maulwürfe auf der Welt von Geburt aus blind. Deshalb trug er eine dunkle Brille, und obwohl er sich völlig rücksichtslos seinen Weg bahnte, klopfte er doch mit einem Stöckchen vor seinen Füßen.

Als er einen kleinen Trampelpfad kreuzte, streifte der Maulwurf ein Ei, das auf ihm lag. Das Ei wurde auf die Seite gerollt und aus ihm heraus erschallte ein entrüsteter Aufschrei:

»Geht es nicht etwas vorsichtiger?!«

»Entschuldigen Sie tausendmal«, der Maulwurf schlug emsig die Pfötchen zusammen und blieb stehen. Es war ihm sehr daran gelegen, das Gespräch weiterzuführen. »He-he, wie klein die Welt ist.«

Im Ei zappelte man und stimmte zu:
»In der Tat, die Welt ist sehr klein.«

»Jaja«, der Maulwurf bemühte sich seinem Gegenüber zu gefallen und rückte sogar die Stirnlocke über seiner Brille zurecht. »Sagen Sie, wie sieht Ihrer Meinung nach die Welt aus?«

»Normal. Die Welt ist ein Ei.«

»Jaja, das hat man mir gesagt. Aber stimmt es, dass sie sich dreht? Ich kann es nicht glauben!«

»Und sie dreht sich trotzdem!«, antwortete man ihm mit Überzeugung aus dem Ei und fügte hinzu: »Manchmal. Da hat sie sich, zum Beispiel, gerade gedreht. Und jetzt hat sie wieder aufgehört.«

»Wie unerwartet! Wie interessant!«, schmeichelte der

польстил собеседнику Крот и не без трепета перешёл к самому главному вопросу: – Но неужели… неужели этот мир ярок и прекрасен?

– Ну, это врут! – авторитетно заявили из яйца.

– Я так и думал!

– Скажу больше: в нём очень темно и неудобно.

Это замечание повергло Крота в истинный восторг.

– А ведь я им говорил! Я им всегда говорил! – Расчувствовавшись, Крот заходил взад-вперёд. – Да-да! Именно! Темно и неудобно!

– Это точно, – согласились в яйце, и снова там поёрзали.

Яйцо с лёгким треском рассекла трещина. Этот звук встревожил Крота. Он бросился к яйцу, поспешно обнюхал его и в доли секунды отправил в рот.

– Мда, – изрёк Крот после паузы и облизнулся. – Но знаете, этот мир не так печален, когда наконец отыщешь в нём родственную душу, которая, как и ты, смотрит не поверх вещей, а в самый корень.

Из большого корня Крот выковырнул жучка, но тот с гневным жужжанием умчался прочь. Облизав конец своей палочки, Крот со вздохом произнёс:

– Ну-с, мне, к сожалению, пора. Был очень рад нашему знакомству.

Ответа не последовало.

Maulwurf geistreich seinem Gesprächspartner und ging nicht ohne Aufregung zu seiner wichtigsten Frage über: »Aber stimmt es … stimmt es, dass diese Welt bunt und wunderschön ist?«

»Das ist eine Lüge!«, erklärte man gewichtig aus dem Ei.

»Das habe ich mir gedacht!«

»Ich gehe noch weiter: In der Welt ist es sehr dunkel und unbequem.«

Diese Bemerkung versetzte den Maulwurf in wahres Entzücken.

»Ich habe es ihnen ja gesagt! Ich habe es ihnen immer gesagt!« Gerührt ging der Maulwurf auf und ab. »Jaja! Genau! Dunkel und unbequem!«

»Das steht fest«, stimmte man im Ei zu und zappelte wieder.

Mit einem leichten Krachen erschien ein Sprung auf der Eierschale. Dieses Geräusch ließ den Maulwurf aufhorchen. Er stürzte sich auf das Ei, beroch es hastig und im Bruchteil einer Sekunde hatte er es sich einverleibt.

»Hm, ja-a«, brachte der Maulwurf nach einer Pause hervor und leckte sich den Mund. »Aber wissen Sie, die Welt ist nicht so traurig, wenn man endlich eine verwandte Seele ausfindig gemacht hat, die wie man selbst nicht an der Oberfläche bleibt, sondern den Dingen auf den Grund geht.«

Aus einer großen knorrigen Wurzel stocherte der Maulwurf ein Käferchen heraus, aber das Käferchen rannte zornig summend davon. Der Maulwurf leckte das Ende seines Stöckchens ab und sagte mit einem Seufzer:

»Für mich ist es leider Zeit. Ich habe mich sehr gefreut, Ihre Bekanntschaft zu machen.«

Die Antwort blieb aus.

– Мой друг, где Вы?! – Крот сделал несколько осторожных шагов, прислушиваясь к тишине. – Как всё-таки печален этот мир. Найти друга – и сразу потерять!

Он сокрушённо вздохнул и окунулся в поле янтарных одуванчиков.

»Mein Freund, wo sind Sie?!« Der Maulwurf machte ein paar vorsichtige Schritte und lauschte in die Stille. »Wie traurig diese Welt doch ist. Einen Freund zu finden – und ihn gleich wieder zu verlieren!«

Er seufzte bekümmert und tauchte in einem Feld von bernsteingelbem Löwenzahn unter.

МИХАИЛ ГОРОДИНСКИЙ

Дружеский ужин

На День Независимости Кукуев пригласил Мамаева в гости.

Почему-то Кукуев думал, что Мамаев придёт с подарком, то есть с бутылём. И когда Мамаев явился ровно в назначенный час, даже несколько раньше, и когда он уже раздевался в прихожей, Кукуев всё думал, что Мамаев что-нибудь принёс и сейчас вынет и ему вручит. Существуют же в конце концов подарки и плоские, одежду не оттопыривающие и потому снаружи незаметные.

Дело, конечно, вовсе не в том, что Кукуеву так уж нужен был мамаевский подарок. Просто как раз ко Дню Независимости настолько достало Кукуева человеческое хамство и равнодушие, что принеси Мамаев хотя бы сущую фигню – кусок мыла, или коробок спичек, и был бы ему Кукуев от души благодарен. Не за спички, конечно, хотя по нынешним временам и спички бы пригодились, не говоря уже о мыле, но сам факт внимания. И когда уже надев шлёпанцы, вдруг полез Мамаев в карман, ёкнуло у Кукуева сердце, всё ещё готовое верить в людей.

«Может, сейчас и вручит?» – с надеждой подумал он.

MICHAIL GORODINSKIJ

Abendessen unter Freunden

Zum Unabhängigkeitstag hatte Kukuew Mamaew zu sich auf Besuch eingeladen.

Irgendwie hatte Kukuew erwartet, Mamaew käme mit einem Geschenk, das heißt, mit einer Flasche. Als dann Mamaew zur festgesetzten Stunde, ja etwas früher, erschien und als er im Korridor bereits abgelegt hatte, da hoffte Kukuew immer noch, Mamaew hätte irgendwas mitgebracht und würde es gleich herausnehmen und ihm überreichen. Schließlich gibt es ja flache Geschenke, die die Kleider nicht ausbeulen und darum von außen nicht auffallen.

Es ging natürlich überhaupt nicht darum, dass Kukuew des Mamaewschen Geschenkes so dringend bedurft hätte. Kukuew hatte nämlich ausgerechnet zum Unabhängigkeitstag so genug von aller Gemeinheit und Gleichgültigkeit der Menschen, dass er ihm aus voller Seele dankbar gewesen wäre, hätte Mamaew ihm keine Flasche, sondern von mir aus eine Lappalie mitgebracht – ein Stück Seife oder eine Zündholzschachtel. Nicht wegen der Zündhölzer natürlich, obwohl heutzutage auch Zündhölzer gut zu gebrauchen sind, von der Seife ganz zu schweigen, sondern allein für die Tatsache der Aufmerksamkeit. Und dann, als Mamaew, schon mit den Hausschlappen an den Füßen, plötzlich in die Tasche langte, fuhr Kukuew das Herz zusammen, noch immer voller Bereitschaft, an die Menschheit zu glauben.

»Vielleicht gibt er's mir jetzt?«, dachte Kukuew hoffnungsvoll.

Мамаев вынул расчёску без половины зубов, сильно продул её и стал причёсываться.

«И зачем я, дурак, этого дикаря пригласил? Не видел сто лет и ещё бы двести не видел, никакой разницы! А вот не дам сегодня ни пить, ни жрать, пусть что хочет, то и делает!» – рассуждал Кукуев, наблюдая за гостем, который всё чесал и чесал расчёской свою голову, видно, давно не мытую.

– Куда идти? – спросил Мамаев начесавшись и глотая слюну.

«А туда, откуда пришёл!» – очень хотел ответить Кукуев, уже понимавший, что День Независимости напрочь испорчен.

Пройдя в комнату, Мамаев осмотрелся, закурил хабарик, хранившийся в кармане вместе с расчёской, и сел к столу, покрытому праздничной клеёнкой.

Кукуев сел напротив.

– Ну, как жизнь? – выдавил он с громадным трудом.

– На два «п», – тотчас ответил Мамаев и, чтобы старый приятель не дай Бог не подумал, будто это означает «полный порядок», тут же громко и отчётливо пояснил, что означает «п» второе.

Разумеется, как у человека порядочного открытой радости это признание Мамаева у Кукуева не вызвало. Просто стало сразу как-то получше, поспокойнее на душе.

«Не, дам всёшки на закуску солёные грибы и капусту, – решил Кукуев. – Ведь и сам с утра не ел».

Мамаев между тем уже принялся раскрывать внутреннее содержание своих двух «п».

Mamaew zog einen Kamm heraus, an dem die Hälfte der Zinken fehlte, blies ihn kräftig durch und begann sich zu frisieren.

»Mensch, verdammt noch mal, wozu zum Teufel hab ich Dummkopf diesen Barbaren eingeladen? Habe ihn hundert Jahre nicht gesehen, und es wäre mir eins, es auch zweihundert weitere sein zu lassen, ganz egal! Jetzt erst recht kriegt er weder zu trinken noch zu essen, soll er doch denken, was er will!«, überlegte Kukuew, während er seinen Gast beobachtete, der die ganze Zeit über seinen offenbar schon lange nicht mehr gewaschenen Kopf striegelte.

»Wo darf ich rein?«, frage Mamaew, fertig gestriegelt und Speichel schluckend.

»Dahin, woher du gekommen bist«, hätte Kukuew beinahe geantwortet, der bereits begriffen hatte, dass der Unabhängigkeitstag endgültig verdorben war.

Mamaew trat ins Zimmer ein, sah sich um, zündete sich eine Kippe an, die er zusammen mit dem Kamm in der Tasche aufbewahrte, und setzte sich an den mit einem festlichen Wachstuch bedeckten Tisch.

Kukuew nahm ihm gegenüber Platz.

»Na, wie ist das Leben?«, presste er mühsam heraus.

»Zweimal ›p[1]‹«, entgegnete Mamaew prompt, und damit sein alter Freund um Himmels willen nicht denken sollte, dass dies »alles in Ordnung« hieße, erläuterte er auf der Stelle laut und deutlich, was das zweite »p« bedeute.

1 *polnyj pisdez* (grobes Schimpfwort): ›es könnte nicht schlimmer gehen‹ oder: *polnyj porjadok:* ›alles in Ordnung‹.

– Денег, блин, нету, жена, блин, совсем остервенела, сын, блин, ну весь, блин, в жену… – рассказывал Мамаев.

Причём рассказывал он всё это с таким воодушевлением и удовольствием, с каким представители других народов не всегда рассказывают даже о самых крупных своих удачах. Казалось, всякое очередное несчастье лишь приближает Мамаева к какой-то главной и раз и навсегда намеченной цели. И когда, вконец вдохновившись, почти уже совершенно счастливый, он вскочил из-за стола и с радостным криком «Ну, блин, атас!» стал показывать, как в октябре позапрошлого года, возвращаясь из бани, попал вместе с веником под танк, Куеев подумал: или, бедняга, и вправду попал, или, сукин кот, добивается, чтобы я плюс к грибам и капусте ещё и маринованную селёдку подал.
Мамаев, однако, не затихал, и Кукуеву снова стало жутко обидно и одиноко.

«Хоть меня бы спросил, как жизнь! Ну, хоть бы просто так, для проформы моими тремя «п» поинтересовался! И ещё всю клеёнку своим пеплом за-

Es versteht sich von selbst, dass Mamaews Bekenntnis bei einem so anständigen Mann wie Kukuew nicht gerade die hellste Freude auslöste. Ihm wurde gleich etwas leichter, ruhiger ums Herz.

»Dann geb ich ihm eben doch noch eingelegte Pilze und Kohl zur Vorspeise«, beschloss Kukuew. »Ich hab ja selber seit heute morgen nichts gegessen.«

Währenddessen machte sich Mamaew daran, den eigentlichen Sinn der beiden »p« zu entschlüsseln.

»Geld, verdammt noch mal, ist keines da, meine Frau, verdammt noch mal, spinnt total, der Sohn, verdammt, der ist ganz, verdammt noch mal, wie meine Frau ...«, berichtete Mamaew.

Er erzählte das alles mit Schwung und einem Vergnügen, welches Vertretern anderer Völker nicht einmal die Schilderung ihrer größten Erfolge macht. Man gewann den Eindruck, als würde jedes weitere Missgeschick Mamaew irgendeinem längst festgesetzten Ziel näher bringen. Als er ganz entflammt, fast vollkommen glücklich, vom Tisch aufsprang und mit einem Freudenschrei: »Ha, verdammt noch mal, jetzt kommt's gleich!« vorzuführen begann, wie er im Oktober vorletzten Jahres auf dem Weg von der Sauna zusammen mit seinem Rutenbesen unter einen Panzer geraten war, dachte Kukuew: »Entweder ist der arme Teufel tatsächlich druntergekommen oder der Hurenkater versucht mich dahin zu bringen, dass ich ihm zu Pilzen und Kohl auch noch marinierten Hering serviere.«

Mamaew aber wurde nicht leiser, und Kukuew wurde es wieder unheimlich weh und einsam ums Herz.

»Der könnte doch wenigstens fragen, wie es mir geht! Einfach so, sich wenigstens der Form nach für meine drei ›p‹ interessieren! Jetzt hat er noch dazu das ganze Wachs-

срал! Не, Мамаев, обойдёшься без селёдки! И без капусты тоже! Свинух солёных с хлебом дам, и всё! А то и без хлеба!»

Тут, будто подслушав мысли Кукуева, Мамаев замолк, плюнув на клеёнку, немного обтёр её манжетом праздничной рубашки и спросил:

– Ну, а ты-то как, Кукуев? Выглядишь ты для текущего переходного периода, тьфу-тьфу, неплохо, особенно если учесть, что некоторые вообще уже выглядят… Слыхал, что Шишигин с голоду умер?

– Шишигин?! Лёша?! Когда?! – поразился Кукуев.

– Не, я пока тоже не слыхал, но время сам знаешь какое… Ты-то как? Зуб-то тот выдрал?

Кукуев стал по-быстрому вспоминать, болел ли у него зуб, когда лет пять или десять назад они последний раз с Мамаевым виделись. Вспомнить этого он не смог, но, поскольку зубами мучился всю сознательную жизнь, вопрос Мамаева показался ему достаточно гуманным. К тому же после упоминания о Шишигине Кукуеву страшно захотелось есть, а выпить захотелось ещё страшнее, хоть за независимость. И потому через несколько мгновений на столе уже была бутылка водки, солёные грибы, кислая капуста, а Мамаев, скинув кофту жены, в которой ходил последнее время, энергично кромсал большим ножом буханку хлеба.

– Мать твою помню, – вдруг сказал Мамаев, всё

tuch mit seiner Asche versaut! Nein, Mamaew, du wirst schon ohne den Hering auskommen müssen. Und ohne den Kohl! Gesalzene Schweinerüsselpilze mit Brot kriegst du und basta! Ach was, ohne Brot!«

Da verstummte Mamaew, als hätte er Kukuews Gedanken belauscht, spuckte aufs Wachstuch, wischte mit der Manschette seines Sonntagshemdes kurz darüber und fragte:

»Und wie geht's dir denn so, Kukuew? Du siehst nicht schlecht aus für die laufende Übergangsperiode, klopf auf Holz, in Anbetracht dessen, dass manche überhaupt schon aussehen … Hast du schon gehört, Schischigin ist verhungert?«

»Schischigin?! Ljoscha?! Wann?!«, staunte Kukuew.

»Bis jetzt hab ich's auch nicht gehört, aber du weißt ja selber, was für Zeiten sind … Wie geht's denn dir? Hast du den Zahn da rausgerissen?«

Kukuew fing schnell an, sich in Erinnerung zu rufen, ob ihm sein Zahn wehgetan hatte, als sie sich das letzte Mal vor fünf oder zehn Jahren gesehen hatten. Das gelang ihm zwar nicht, aber da er sich sein ganzes bewusstes Leben lang mit seinen Zähnen herumquälte, erschien ihm die Frage Mamaews ziemlich human. Zudem erfasste Kukuew bei der Erwähnung Schischigins eine fürchterliche Lust zu essen und eine noch viel fürchterlichere zu trinken, ganz egal, auch auf die Unabhängigkeit; darum standen schon kurz darauf eine Flasche Wodka, eingemachte Pilze und Sauerkraut auf dem Tisch, und Mamaew, der die Strickjacke seiner Frau ausgezogen hatte, in der er die letzte Zeit herumging, schnitt einen Brotlaib mit einem großen Messer in grobe Stücke.

»Kann deine Mutter nicht vergessen«, sagte Mamaew

нарезая и нарезая хлеб. – Редкой души женщина. Последнее была готова людям отдать. Если бы все такие были, вот бы жили!.. Один другому всё отдал, другой третьему, третий четвёртому, четвёртый опять первому, вот так бы всё и передавали, пока не кончилось. Давай, блин, за твою мать!

Выпив полстакана, вдобавок к теплу внешнему, человеческому, вдруг полученному от Мамаева, Кукуев ощутил тепло внутреннее, полученное от водки, и под воздействием уже тепла двойного сказал:

– Ты-ка давай, закусывай, у меня там ещё селёдочка есть.

– Маринованная? – спросил Мамаев.

– Очень, – сказал Кукуев, видимо, понадеявшись, что такая сила маринада Мамаева отпугнёт.

– Так это же самый цимес! – обрадовался Мамаев. – Эх, Кукуев, редкий ты человек! Честняга, скромняга, трудяга... Да сколько таких на всю страну-то осталось? Ты, я, Лёша Шишигин, Сергей Ковалёв...

Кукуев уже нарезал маринованную селёдку.

– А ты, как я погляжу, процветаешь, – сказал Мамаев, пальцами вытаскивая из банки первый гриб. – На широкую ногу живёшь. Не иначе, в коммерческих структурах...

– Ага, в коммерческих... – хмыкнул Кукуев. – Если задница у нас коммерческая структура, тогда-да, пребываю в глубокой коммерческой структуре...

И тут, забыв про голод, он произнёс и свою речь, то и дело выскакивая из-за стола, стеснявшего

plötzlich, immer weiterschneidend. »Eine Seele von Mensch. Gab das letzte Hemd her. Das wär' ein Leben, wenn alle so wären! ... Der eine gibt dem anderen alles, der zweite dem dritten, der dritte dem vierten, der vierte wieder dem ersten, so würde alles weitergegeben, bis es aufgebraucht wäre. Lass uns einen heben auf deine Mutter, verdammt noch mal!«

Nach dem halben Glas verspürte Kukuew obendrein zur äußeren, menschlichen Wärme, die er von Mamaew unvermittelt erhalten hatte, obendrein die innere Wärme vom Wodka und unter der Einwirkung der bereits doppelten Wärme sagte er:

»Du, iss doch, greif zu, ich hab da noch Hering.«

»Marinierten?«, fragte Mamaew.

»Und wie«, sagte Kukuew, der wohl gehofft hatte, eine derartig kräftige Marinade würde Mamaew abschrecken.

»Das ist ja ganz große Klasse!«, freute sich Mamaew. »Mensch Kukuew, so einen wie dich, das gibt's ja gar nicht! So 'ne ehrliche Haut, bescheiden, arbeitsam ... Wie viele von denen sind überhaupt im ganzen Lande noch geblieben. Du, ich, Ljoscha Schischigin, Sergej Kowaljew ...«

Kukuew hatte bereits den Hering aufgeschnitten.

»Und du blühst ja geradezu, wie ich sehe«, sagte Mamaew und zog mit den Fingern den ersten Pilz aus dem Einmachglas. »Auf großem Fuß lebst du. Du musst dich in kommerziellen Strukturen bewegen ...«

»Ja, ja, in kommerziellen ...« räusperte sich Kukuew. »Wenn Scheiße kommerzielle Struktur heißt, dann ja, bin ich in tiefer kommerzieller Struktur ...«

Und da, seinen Hunger vergessend, hielt auch er seine Rede, wobei er mitunter vom Tisch wegsprang, der seine

движения и не позволявшего в должном объёме изобразить как общее социально-политическое положение в стране, так и положение лично его, Кукуева. При этом он тоже как будто помолодел, оживился, даже исчез дефект его дикции, обусловленный отсутствием трёх центральных зубов и связанных с этим сквозняками, постоянно со свистом гулявшими у него во рту.

– Вот, блин, Мамаев, какая структура сложилась! – страстно закончил Кукуев минут через двадцать.

Он вытер пот, заправил в тренировочные штаны праздничную майку и вернулся к столу.

На столе же к тому времени от ещё недавно достаточно крупной селёдки остался лишь самый-самый хвост, в мирное время в пищу совершенно непригодный. Водки было треть бутылки. Капусты не было вовсе, даже следов. Мамаев, не поднимая головы, с усердием землепашца, лично впрягшегося в плуг, домалывал грибы, заедая их остатками хлеба. Казалось, пока Кукуев рассказывал свою повесть, Мамаеву сообщили о каком-то окончательном катаклизме, который случится прямо сегодня вечером, и вот он решил накушаться в последний раз или, если сегодня пронесёт, до катаклизма следующего.

«И какая ж ты скотина, Мамаев! – почти что со слезами подумал Кукуев. – Ну почему ж ты, троглодит бессовестный, мне-то не оставил! Выходит, это я для тебя свинухи собирал?! И селёдка, значит,

Bewegungsfreiheit einengte und es ihm nicht im nötigen Umfang gestattete, sowohl die allgemeine sozialpolitische Lage im Land als auch seine persönliche Situation zu schildern. Dabei wurde der ganze Kukuew gleichsam viel jünger, lebte auf, sogar seine mangelhafte Aussprache verschwand, verursacht vom Fehlen dreier Vorderzähne und dem damit verbundenen Luftzug, der permanent pfeifend in seinem Mund herumwechselte.

»Verdammt noch mal, Mamaew, so eine Struktur hat sich da gebildet!« schloss Kukuew leidenschaftlich nach etwa 20 Minuten.

Er wischte den Schweiß ab, schob sein Festtagsleibchen in den Bund der Trainingshose und kehrte zum Tisch zurück.

In der Zwischenzeit war aber auf dem Tisch von dem noch unlängst üppigen Hering nur das in Friedenszeiten völlig ungenießbare Schwanzende übrig geblieben. Der Wodka war bis auf ein Drittel aufgebraucht. Vom Kohl keine Spur. Ohne den Kopf zu heben und mit dem Eifer eines Rübenbauern, der sich in einen Pflug eingespannt hatte, kaute Mamaew die Pilze zu Ende und schob ihnen die Überbleibsel des Brotes nach. Es schien, als hätte man Mamaew, während Kukuew seine Geschichte loswurde, von irgendeiner endgültigen, heute Abend eintreffenden Katastrophe berichtet, dass er daher beschlossen habe, sich zum letzten Mal satt zu essen, oder, falls er noch davonkäme, bis zur nächsten Katastrophe.

»Was bist du doch für ein Schweinehund, Mamaew!«, dachte Kukuew, den Tränen nahe. »Warum hast du, unverschämter Höhlenbewohner, mir denn nichts übriggelassen? Es läuft also darauf hinaus, dass ich für nichts und wieder nichts die Schweinerüsselpilze für dich gesammelt habe?!

с весны тебя дожидалась?! Твоё счастье, что в интеллигентный дом попал, а то бы, блин, уже давно, уже прямо там, в прихожей харюшку бы начистили!»

В отчаянии Кукуев резко допил остаток водки и, наподобие гипнотизёра, подавшись корпусом вперёд, стал неотрывно глядеть на Мамаева, дожидаясь, когда тот допьёт питательный грибной сок и поднимет свои глаза.

«Всё, ни слова больше не скажу, – решил Кукуев. – Ни слова. Вот буду до следующего Дня Независимости сидеть и, не моргая, в твои буркала бесстыжие глядеть. Пока не поймёшь, Мамаев, кто ты есть».

Однако оригинальному этому замыслу не суждено было осуществиться. Буркал своих Мамаев так и не показал, ибо сразу без всякого переходного периода перешёл от грибного сока ко сну, сперва, было, поместив голову рядом с селёдочным хвостом, но потом откинув её за спинку стула.

– Самая большая роскошь на свете – это роскошь человеческого общения, – громко произнёс Кукуев. – Кажется, Сент-Экзюпери.

Он встал из-за стола, вынул из-под шкафа две пачки пельменей, хранившихся там на случай часа «Х» и пошёл на кухню. Налил в кастрюлю воды, поставил на газ, кинул жменьку соседской соли и, когда вода закипела, задумчиво пошвырял в неё пельмени. Когда это начало всплывать, он взял

Und der gesalzene Hering also hat seit dem Frühling auf dich gewartet, so ist es?! Zu deinem Glück bist du in ein Intelligenzia-Haus geraten, sonst hätte man dir, verdammt noch mal, bereits im Korridor die Fresse poliert!«

In seiner Verzweiflung stürzte Kukuew den Rest des Wodkas hinunter und richtete seinen Blick unverwandt auf Mamaew; dabei rückte er wie ein Hypnotiseur seinen Rumpf vor und wartete, bis Mamaew den nahrhaften Pilzsaft ausgetrunken und seine Augen erhoben hatte.

»Schluss, ich sage kein Wort mehr«, entschied Kukuew. »Kein Wort. Ich werde bis zum nächsten Unabhängigkeitstag dasitzen und ohne zu blinzeln in deine schamlosen Augen schauen. Bis du endlich begriffen hast, Mamaew, wer du bist.«

Es war jedoch diesem originellen Vorhaben nicht beschieden, verwirklicht zu werden, da Mamaew ohne die Augen zu erheben und ohne jede Übergangszeit vom Pilzsaft zum Schlaf überging, wobei er den Kopf beinahe neben den Heringsschwanz plaziert hätte, ihn dann jedoch auf die Stuhllehne zurückwarf.

»Der allergrößte Luxus ist der Luxus des Umgangs mit Menschen«, sagte Kukuew laut. »Von Saint-Exupéry, scheint mir.«

Er stand vom Tisch auf, nahm unter dem Schrank zwei Packungen Pelmeni[2] hervor, die er dort für die Stunde »X« aufbewahrte, und ging in die Küche. Er füllte einen Topf mit Wasser, stellte ihn aufs Gas, warf eine Prise von Nachbars Salz hinein, und, sobald die Flüssigkeit anfing zu kochen, schmiss er nachdenklich die Pelmeni hinein. Als die Masse an die Oberfläche schwamm, nahm er einen Löffel und be-

2 eine Art Ravioli.

ложку и принялся есть. Внутренне снова стало тепло, и Кукуев подумал, что все, все, все, все умрут, и подлецы, и убийцы, и те, кто мухи никогда не обидел, и мухи умрут, и он сам умрёт, и Мамаев умрёт, и Лёшка Шишигин, и соседи, которые по случаю Дня Независимости уже затягивали песню, и соседи за другой стеной, которые чего-то ещё не пели, и та здоровенная тётка, у которой за три тыщи купил он сегодня капусту.

Он вернулся в комнату, сел за стол и стал ждать, когда оклемается его школьный кореш, весельчак и бабник Витька Мамаев. «Проснётся, чай будем пить. С печеньем», – твёрдо решил Кукуев. – «А впрочем, ещё поглядим».

gann sie zu essen. Wieder wurde es ihm innen drin warm und Kukuew dachte, dass alle, alle, alle, alle sterben würden, die Schufte und die Mörder und die, die noch nie einer Fliege etwas zuleide getan hatten, auch die Fliegen würden sterben, und er selbst würde sterben und Mamaew würde sterben, und Ljoschka Schischigin würde sterben und die Nachbarn, die wegen des Unabhängigkeitstags bereits hinter der Wand ein Lied anstimmten, und die Nachbarn hinter der anderen Wand, die aus irgendeinem Grund noch nicht angefangen hatten zu singen, und die stämmige Tante, bei der er heute für dreitausend den Kohl gekauft hatte.

Er kehrte ins Zimmer zurück, setzte sich erneut an den Tisch und wartete, bis sein Schulkamerad, der Witzbold und Schürzenjäger Witja Mamaew wieder zu sich käme. »Sobald er aufwacht, trinken wir Tee. Mit Gebäck«, beschloss Kukuew entschieden. »Übrigens warten wir mal ab«.

ЭДУАРД ДВОРКИН

Рассказы об Иванцове

Компромисс

– Давай любить друг друга, как Ромео и Джульетта, – предложил Иванцов жене.

– Нет, давай лучше, как Тристан и Изольда, – не согласилась та.

Спорили они, спорили, а потом решили: любить друг друга вовсе не обязательно.

Время

– Сколько времени? – спросил Петров у Иванцова.

Иванцов ответил.

Прошло несколько часов.

– Сколько времени? – снова спросил Петров.

– Экий ты беспамятный! – удивился Иванцов. – Я ведь тебе уже ответил на этот вопрос!

Удивление

– Смотрите, – закричал Иванцов в городском саду, – как похож этот корень сосны на аллигатора.

Потом уже в травматологическом отделении больницы он оправдывался перед врачами:

– Ну откуда же я знал, что этот сбежавший из зоопарка крокодил так похож на корень сосны!

EDUARD DWORKIN

Erzählungen über Iwanzow

Der Kompromiss

»Lass uns einander wie Romeo und Julia lieben«, schlug Iwanzow seiner Frau vor.

»Nein, lieber wie Tristan und Isolde«, antwortete seine Frau, die nicht einverstanden war.

Sie stritten und stritten und kamen dann zum Schluss: Es ist gar nicht unbedingt nötig, einander zu lieben.

Die Zeit

»Wie spät ist es?«, erkundigte sich Petrow bei Iwanzow.

Iwanzow antwortete.

Es vergingen einige Stunden.

»Wie spät ist es?«, fragte Petrow wieder.

»Du bist aber vergesslich!« wunderte sich Iwanzow. »Ich habe dir doch schon auf diese Frage geantwortet.«

Die Überraschung

»Schaut her«, rief Iwanzow im Stadtpark aus, »wie sehr diese Kiefernwurzel einem Alligator ähnelt.«

Später in der traumatologischen Abteilung des Krankenhauses rechtfertigte er sich vor den Ärzten:

»Woher sollte ich wissen, dass dieses aus dem Zoo entlaufene Krokodil so sehr einer Kiefernwurzel ähnelt!«

Сомнения

– Почему она выбрала именно меня, а не Петрова или Сидорова? – мучительно размышлял Иванцов. – Не понимаю, чем я лучше их?

Он помотал головой и прогнал муху.

Ребёнок

– Назовём нашего ребёнка Ниной, – предложила Иванцову жена.

– Ни в коем случае! – отрубил Иванцов.

И настоял на своём. Ребёнка назвали Афанасием.

Старомодный человек

Геннадий Петрович Сильвестров современной моды не признавал. Он одевался по старинке – берет со страусовым пером, расшитый камзол с высоким стоячим воротником и короткие, до колен панталоны.

Его карета постоянно ломалась, и ему приходилось ездить в переполненном автобусе.

– Осторожнее! – строго предупреждал он пассажиров. – Не порвите мне чулки!

Работал Геннадий Петрович оружейным конструктором.

– Что это у вас? – застыв перед кульманом, однажды спросил у Сильвестрова начальник.

– Усовершенствованный таран для пробивания

Zweifel

»Warum hat sie gerade mich ausgewählt, und nicht Petrow oder Sidorow?«, dieser Gedanke quälte Iwanzow. »Ich verstehe nicht, wodurch ich besser bin als sie?«

Er schüttelte den Kopf und verjagte eine Fliege.

Das Kind

»Lass uns unser Kind Nina nennen«, schlug seine Frau Iwanzow vor.

»Auf keinen Fall!«, antwortete Iwanzow barsch.

Und er bestand auf seiner Meinung. Das Kind wurde Afanassij genannt.

Ein altmodischer Mensch

Gennadij Petrowitsch Silwestrow hielt nichts von der heutigen Mode. Er kleidete sich nach alter Art – ein Barett mit einer Straußenfeder, ein besticktes Wams mit hohem Stehkragen und kurze Kniehosen.

Seine Kutsche ging ständig zu Bruch, und er musste im überfüllten Bus fahren.

»Vorsicht!«, warnte er die Passagiere streng. »Zerreißen Sie mir nicht die Strümpfe!«

Von Beruf war Gennadij Petrowitsch Waffenkonstrukteur.

»Was ist denn das?«, fragte Silwestrow einmal sein Chef, vor dem Reißbrett erstarrend.

»Ein vervollkommneter Sturmbock zum Durchbrechen

крепостных стен, – объяснил Сильвестров. – Я ввёл в конструкцию несколько принципиальных изменений.

Начальник тяжело вздохнул и отошёл – не доводить же дело до дуэли.

История

Игнатию Игнатьевичу не нравилась его фамилия Лондонцев, и он решил взять себе псевдоним Фомин. А чтобы об этом узнали, он стал писать и публиковать под псевдонимом рассказы, повести и романы.

Вскоре Игнатий Игнатьевич сделался известным писателем.

– Ну, ты даёшь, Лондонцев! – говорили ему теперь окружающие.

Обрасти перьями

Больше всего Степан Казимирович боялся обрасти перьями.

Постоянно он оглядывал себя в зеркале – не выбилось ли где из-под кожи пёрышко, не показался ли подозрительный пушок.

Домашние успокаивали Степана Казимировича.

– Что за глупости! – восклицали они. – Так не бывает!

von Festungsmauern«, erklärte Silwestrow. »Ich habe einige grundsätzliche Änderungen an der Konstruktion vorgenommen.«

Der Chef tat einen tiefer Seufzer und entfernte sich – man muss es ja nicht zum Duell kommen lassen.

Eine Geschichte

Ignatij Ignatjewitsch gefiel sein Familienname Londonzew nicht, und er beschloss das Pseudonym Fomin anzunehmen. Um dies bekannt zu machen, begann er unter diesem Pseudonym Erzählungen, Novellen und Romane zu veröffentlichen.

Bald wurde Ignatij Ignatjewitsch zu einem bekannten Schriftsteller.

»Nicht schlecht, Londonzew!«, sagten jetzt seine Bekannten zu ihm.

Der Federwuchs

Am meisten fürchtete Stepan Kasimirowitsch, dass ihm Federn wüchsen.

Ständig betrachtete er sich im Spiegel – kam etwa irgendwo unter der Haut ein Federchen hervor, zeigte sich etwa ein verdächtiges Fläumchen.

Seine Angehörigen beruhigten Stepan Kasimirowitsch.

»Was für ein Unsinn!«, riefen sie aus. »Das gibt es gar nicht!«

Всего остального Степан Казимирович не опасался.

Когда у него на голове вырос гребешок, а на лице появилась красная кожаная бородка, он отнёсся к этому спокойно.

– Только бы не обрасти перьями! – повторял он.

Домашние заволновались.

– Смотри, – показывали они. – У тебя нос согнулся на манер клюва, пальцев на ногах поубавилось, и какие-то они жёлтые…

– Ерунда! – отмахивался Степан Казимирович крыльями. – Главное – нет перьев!

Степан Казимирович стал пробуждаться на заре и приветствовал восход нечленораздельными криками, не находил больше общего языка с людьми, стал задирать домашних.

– Ну чего ты петушишься?! – не выдерживали они.

Терпению пришёл конец, когда Степан Казимирович на глазах у всех склевал с грядки крупного червяка.

Домашние переселили Степана Казимировича в сарай. Куры относятся к нему настороженно и к себе не подпускают.

Степан Казимирович так и не оброс перьями.

Vor allem übrigen fürchtete sich Stepan Kasimirowitsch nicht.

Als ihm auf dem Kopf ein Kamm wuchs und in seinem Gesicht ein rotes ledriges Bärtchen erschien, ließ ihn das kühl.

»Wenn mir nur keine Federn wachsen!«, wiederholte er ständig.

Seine Angehörigen wurden unruhig.

»Schau nur«, machten sie ihn aufmerksam. »Deine Nase hat sich wie ein Schnabel gebogen, deine Zehen sind weniger geworden und irgendwie gelb …«

»Quatsch!«, winkte Stepan Kasimirowitsch mit den Flügeln ab. »Die Hauptsache ist, dass ich keine Federn habe!«

Stepan Kasimirowitsch begann beim Morgengrauen aufzuwachen und begrüßte den Sonnenaufgang mit unartikulierten Schreien. Er fand mit den Leuten keine gemeinsame Sprache mehr und fing an, sich mit seinen Angehörigen anzulegen.

»Was spielst du dich wie ein Hahn auf?!«, sagten sie, als sie es nicht mehr aushielten.

Ihre Geduld nahm ein Ende, als Stepan Kasimirowitsch vor aller Augen aus einem Beet einen großen Wurm aufpickte.

Seine Angehörigen quartierten Stepan Kasimirowitsch in die Scheune um. Die Hühner sind vor ihm auf der Hut und lassen ihn nicht an sich heran.

Stepan Kasimirowitsch sind immer noch keine Federn gewachsen.

Под одеялом

Простыни всегда были свежие, прохладные.

Гамов ложился, вминал затылком пахнущую свежестью наволочку, подтягивал к подбородку ослепительной белизны пододеяльник. Чуть влажное после душа тело уютно вписывалось в матрацную ложбину. Удовлетворённо ощущая свою плотность, Гамов одновременно наслаждался состоянием лёгкости и расслабленности. Умиротворённо раскинувшись, он шевелил лопатками и чувствовал полную гармонию между собой и окружающим миром.

– Вставай, сходи, убери, вынеси, купи! – докучала Гамову жена.

– Убить гармонию? – поражался Гамов. – Ни за что!

Жена, рослая и сильная, сбрасывала его на пол. Гамов, морщась, снова заползал в кровать и бережно разглаживал образовавшиеся в борьбе бельевые складки.

– Ночью выспишься! – упорствовала женщина.

– Я не сплю, – объяснял Гамов. – Просто лежу… У меня так хорошо под одеялом…

– Ничего там хорошего нет! – убеждённо говорила жена, и неприятная гримаска кривила её некогда красивое лицо.

Потом жена как-то исчезла, и Гамов зажил один. Он перетащил холодильник, телефон и телевизор поближе к кровати и лежал целыми днями в своё удовольствие.

Unter der Decke

Die Leintücher waren immer frisch und kühl.

Gamow legte sich hin, drückte den Nacken in den vor Frische duftenden Kissenbezug und zog das blendend weiße Laken ans Kinn. Sein nach der Dusche etwas feuchter Körper schmiegte sich behaglich in die Vertiefung der Matratze. Befriedigt nahm Gamow seine eigene Kompaktheit wahr und genoss gleichzeitig den Zustand der Leichtigkeit und Entspannung. Er streckte sich versöhnlich aus, bewegte die Schulterblätter und fühlte vollständige Harmonie zwischen sich selbst und der ihn umgebenden Welt.

»Steh auf, geh rasch holen, räum auf, trag hinaus, geh kaufen!«, störte ihn seine Frau.

»Die Harmonie zerstören?«, staunte Gamow. »Um nichts in der Welt!«

Seine Frau, hochgewachsen und kräftig, fegte ihn auf den Boden. Mit verzerrtem Gesicht kroch Gamow wieder ins Bett zurück und glättete behutsam die Falten, die sich beim Kampf in der Bettwäsche gebildet hatten.

»Nachts kannst du dich ausschlafen!«, beharrte die Frau.

»Ich schlafe nicht«, erklärte Gamow. »Ich liege nur … Bei mir ist es so schön unter der Decke …«

»Was soll daran schon schön sein?!«, sagte seine Frau voller Überzeugung, und ein unangenehmes Grimässchen verzog ihr einst schönes Gesicht.

Dann verschwand seine Frau irgendwie und Gamow begann ein neues Leben. Er schleppte den Kühlschrank, das Telefon und den Fernseher näher ans Bett und tat sich tagelang am Liegen gütlich.

Приходили друзья. Они приносили еду и питьё, свежие газеты и бельё из прачечной.

Гамов радовался гостям. Сидя в постели, он играл с ними в шахматы, обсуждал последние новости.

Ферзухин приходил чаще других. Преданный Гамову, но неотёсанный и грубый, он каждый раз спрашивал:

– В сортир-то ещё ходишь или парашу под кровать поставил?

Однажды Ферзухин пришёл с девушкой. Девушка принялась вытирать пыль, а Ферзухин начал рассказывать анекдоты, пересыпая речь вульгарнейшей нецензурщиной.

Девушка краснела, Гамов катался от хохота.

– Глыба! – приговаривал он. – Матерный человечище!

Ферзухин неожиданно обиделся и ушёл.

Гамов посерьёзнел.

– Как вас зовут? – спросил он девушку.

Девушка присела на край постели.

– Глюка, – ответила она. – А почему вы лежите? Вы больной?

– Здоровый! Здоровый! – закричал Гамов и стал высоко подпрыгивать на кровати, как на батуте.

За долгие годы в совершенстве освоив кровать, он с лёгкостью приземлялся на пружины и с такой

Freunde kamen. Sie brachten zu essen und zu trinken, frische Zeitungen und Bettwäsche aus der Wäscherei.

Gamow freute sich über die Gäste. Im Bett sitzend, spielte er mit ihnen Schach und besprach die letzten Neuigkeiten.

Fersuchin kam öfters als die anderen. Er war Gamow treu ergeben, aber ungeschlacht und grob und fragte jedes Mal:

»Gehst du noch auf den Abtritt oder hast du einen Topf unters Bett gestellt?«

Einmal kam Fersuchin mit einem Mädchen. Das Mädchen machte sich daran, Staub zu wischen, und Fersuchin begann Witze zu erzählen, dabei streute er die unflätigsten Schimpfwörter in seine Rede ein.

Das Mädchen errötete, Gamow wälzte sich vor Gelächter.

»Du bist ein großer Brocken«, sagte er vor sich hin. »Ein echter Mann! Mit allen Wassern gewaschen!«[1]

Fersuchin war unerwarteterweise gekränkt und ging.

Gamow wurde etwas ernster.

»Wie heißen Sie?«, fragte er das Mädchen.

Das Mädchen setzte sich auf die Bettkante.

»Gljuka[2]«, antwortete sie. »Warum liegen Sie? Sind Sie krank?«

»Ich bin gesund! Gesund!«, rief Gamow und begann auf dem Bett zu hüpfen wie auf einem Trampolin.

Da er sich während langer Jahre eine vollständige Kenntnis des Bettes zu eigen gemacht hatte, landete er mit Leichtigkeit auf den Federn und erhob sich mit ebensolcher

1 Ein verfremdetes Zitat Lenins über Lew Tolstoj aus einem Gespräch mit Gorkij 1920.

2 *gljuka:* (Jargon) Halluzination.

же лёгкостью взмывал вверх, успевая проделывать в воздухе разнообразные сальто и кульбиты.

Глюка вскочила, захлопала в ладоши. – Здорово! Вот здорово!

Снисходительно улыбаясь, Гамов откинулся на подушки.

– Вот видите… А лежу я потому, что у меня хорошо под одеялом.

– Правда? – неуверенно спросила девушка и потупилась.

– Вы не верите? – обиделся Гамов. – Здесь достаточно места. Можете убедиться сами.

– Ладно, – прошептала Глюка. – Я сейчас.

– Действительно! – сказала она через некоторое время. – Я даже не ожидала.

– Рад, что вам понравилось, – скромно произнёс Гамов.

– Называй меня на ты, – попросила девушка.

– Ты – клад, я тебя нашёл, мне по закону причитается четверть! – жарко выдохнул Гамов.

– Бери уж всё, – вздохнула Глюка.

– Ты не думай, – сказал Гамов, отдышавшись, – это я не от лени такой. Это – социальный протест. У нас в городе залегли тысячи. Общество «Лежачий камень», не слышала?

– У вас есть программа? – спросила умная девушка.

– А как же! – замахал руками Гамов. – Личным примером уложить в кровати как можно больше

Leichtigkeit nach oben, wobei es ihm gelang, in der Luft die allerverschiedensten Saltos und Purzelbäume zu schlagen.

Gljuka sprang auf, klatschte in die Hände. »Bravo! Ganz toll!«

Herablassend lächelnd, lehnte sich Gamow auf die Kissen zurück.

»Haben Sie gesehen … Und ich bleibe im Bett liegen, weil ich es unter der Decke so schön habe.«

»Wirklich?«, fragte das Mädchen unsicher und senkte den Blick.

»Glauben Sie es nicht?« Gamow war beleidigt. »Hier ist genügend Platz. Sie können sich selbst davon überzeugen.«

»Gut«, flüsterte Gljuka. »Ich komme schon.«

»Tatsächlich!«, sagte sie nach einer gewissen Zeit. »Das hatte ich gar nicht erwartet.«

»Ich freue mich, dass es Ihnen gefallen hat«, sagte Gamow bescheiden.

»Sag du zu mir«, bat das Mädchen.

»Du bist ein Schatz, ich habe dich gefunden, nach dem Gesetz steht mir ein Viertel zu«, sagte Gamow schweratmend.

»Nimm doch alles«, seufzte Gljuka.

»Denke nicht, dass ich aus Bequemlichkeit so bin«, sagte Gamow, nachdem er wieder zu Atem gekommen war. »Das ist sozialer Protest. Bei uns in der Stadt haben sich Tausende hingelegt. Die Gesellschaft ›Liegender Stein‹, hast du davon nichts gehört?«

»Habt ihr ein Programm?«, fragte das kluge Mädchen.

»Aber natürlich!« Gamow warf die Hände über den Kopf. »Durch unser persönliches Vorbild so viele Leute wie

людей. Тогда всё остановится само собой. После этого мы встаём и создаём новое общество…

В прихожей тренькнуло.

– Открыть? – забеспокоилась Глюка.

– У меня – дистанционное, сказал Гамов и нажал кнопку. – Наверное, Ферзухин вернулся.

Комната наполнилась людьми. Среди них были жена Гамова и Ферзухин. Все подошли к постели.

– Свершилось! – торжественным голосом произнёс высокий красивый мужчина в пижаме и ночном колпаке. – Население отдало нам свои симпатии. Нас ждут. Мы победили!

Он зарыдал от счастья и прилёг на край кровати.

– Я иду с вами! – превозмогая волнение, закричал Гамов. – Сейчас оденусь…

– Нет, – покачал головой мужчина в пижаме. – Ты – наш символ!

Через несколько минут к центру города двинулась внушительная процессия. Во главе её с богато убранными носилками на плечах шли шестеро прекрасных юношей.

Гамов лежал на носилках, улыбался и приветливо махал людям обеими руками.

möglich ins Bett zu legen. Dann kommt alles von selbst zum Stillstand. Danach stehen wir auf und schaffen eine neue Gesellschaft ...«

Im Gang klingelte es.

»Soll ich aufmachen?«, fragte Gljuka unruhig.

»Ich habe eine Fernbedienung«, sagte Gamow und drückte auf einen Knopf. »Wahrscheinlich ist Fersuchin zurückgekommen.«

Das Zimmer füllte sich mit Menschen. Unter ihnen waren Gamows Frau und Fersuchin. Alle traten ans Bett.

»Es ist vollbracht!«, rief mit feierlicher Stimme ein großer schöner Mann in einem Schlafanzug und einer Schlafkappe. »Die Bevölkerung hat uns ihre Sympathie geschenkt. Man erwartet uns. Wir haben gesiegt!«

Er begann vor Glück zu schluchzen und legte sich kurz auf den Rand des Bettes.

»Ich komme mit euch!«, rief Gamow, seine Aufregung bezwingend. »Ich ziehe mich gleich an ...«

»Nein«, sagte der Mann im Schlafanzug und schüttelte den Kopf. »Du bist unser Symbol!«

Nach einigen Minuten bewegte sich eine eindrückliche Prozession aufs Stadtzentrum zu. An ihrer Spitze gingen sechs herrliche Jünglinge mit einer reich geschmückten Tragbahre auf den Schultern.

Gamow lag auf der Tragbahre, lächelte und winkte den Leuten mit beiden Armen freundlich zu.

Соло на ундервуде
Соло на ИБМ

Рассказывали мне такую историю. Приехал в Лодзь советский министр Громыко. Организовали ему пышную встречу. Пригласили местную интеллигенцию. В том числе знаменитого писателя Ежи Ружевича. Шёл грандиозный банкет под открытым небом. Произносились верноподданнические здравницы и тосты. Торжествовала идея польско-советской дружбы. Громыко выпил сливовицы. Раскраснелся. Наклонился к случайно подвернувшемуся Ружевичу и говорит:

– Где бы тут, извиняюсь, по-маленькому?

– Вам? – переспросил Ружевич.

Затем он поднялся, вытянулся и громогласно крикнул:

– Вам? Везде!!!

Дело происходит в нашей русской колонии. Мы с женой садимся в лифт. За нами – американская семья: мать, отец, шестилетний парнишка.

Последним заходит немолодой эмигрант. Говорит мальчику:

– Нажми четвёртый этаж.

Мальчик не понимает.

SERGEJ DOWLATOW

Solo auf der Underwood
Solo auf der IBM

Man hat mir folgende Geschichte erzählt. Der sowjetische Minister Gromyko kam nach Lodz. Es wurde ein prächtiger Empfang für ihn organisiert. Die lokale Intelligenzija war eingeladen. Darunter auch der berühmte Schriftsteller Jerzy Rurzevic. Es geschah während eines grandiosen Banketts unter freiem Himmel. Treuuntertänige Trinksprüche und Toaste wurden ausgebracht. Es triumphierte die Idee der polnisch-sowjetischen Freundschaft. Gromyko trank Sliwowitz. Er errötete. Er beugte sich zu Rurzevic, der sich zufällig neben ihm befand:
»Entschuldigung, wo geht es hier für kleine Jungen hin?«

»Für Sie?«, fragte Rurzevic zurück.

Dann erhob er sich, richtete sich auf und rief laut aus:
»Für Sie? Überall!!!«

Es geschah in unserer russischen Kolonie[1]. Meine Frau und ich steigen in einen Aufzug ein. Nach uns kommt eine amerikanische Familie: Mutter, Vater und ein sechsjähriger Junge.

Als letzter steigt ein älterer Emigrant ein. Er sagt zu dem Jungen auf Russisch:
»Drück auf den vierten Stock.«

Der Junge versteht nicht.

1 »Russische Kolonie« in Amerika.

– Нажми четвёртый этаж!

Моя жена вмешивается:

– Он не понимает. Он – американец.

Эмигрант не то что сердится. Скорее – выражает удивление: – Русского языка не понимает? Совсем не понимает? Даже четвёртый этаж не понимает?! Какой ограниченный мальчик!

Это произошло в Ленинградском театральном институте. Перед студентами выступал знаменитый французский шансонье Жильбер Беко.

Наконец выступление закончилось. Ведущий обратился к студентам:

– Задавайте вопросы.

Все молчат.

– Задавайте вопросы артисту.

Молчание.

И тогда находившийся в зале поэт Ерёмин громко крикнул:

– Келё ре тиль? (Который час?)

Жильбер Беко посмотрел на часы и вежливо ответил:

– Половина шестого.

И не обиделся.

В Нью-Йорке гостил поэт Соснора. Помнится, я, критикуя Америку, сказал ему:

– Здесь полно еды, одежды, развлечений, и – никаких мыслей!

»Drück auf den vierten Stock!«

Meine Frau mischt sich ein:

»Er versteht nicht. Er ist Amerikaner.«

Man kann nicht sagen, dass der Emigrant sich ärgert. Vielmehr bringt er seine Verwunderung zum Ausdruck: »Er versteht kein Russisch? Überhaupt nicht? Nicht einmal vierter Stock?! Was für ein beschränktes Kind!«

Im Leningrader Theaterinstitut ereignete sich folgender Vorfall. Der berühmte französische Chansonnier Gilbert Bécaud trat vor Studenten auf.

Schließlich war die Vorstellung zu Ende. Der Ansager wandte sich an die Studenten:

»Sie können Fragen stellen.«

Alle schweigen.

»Stellen Sie dem Künstler Fragen.«

Schweigen.

Und da rief der im Saal anwesende Dichter Erjomin laut:

»Quelle heure est-il?« (Wie spät ist es?)

Gilbert Bécaud schaute auf die Uhr und antwortete höflich:

»Halb sechs.«

Und war nicht beleidigt.

Der Poet Sosnora war in New York zu Gast. Ich erinnere mich, wie ich zu ihm sagte, um Amerika zu kritisieren:

»Hier gibt es jede Menge Essen, Kleider, Unterhaltung und – keinerlei Gedanken!«

Соснора ответил:
– А в России, наоборот, сплошные мысли. Про еду, про одежду и про развлечения.

Пришёл к нам Грубин с тортом. Я ему говорю:
– Зачем? Какие-то старомодные манеры.
Грубин отвечает:
– В следующий раз принесу марихуану.

– Какой у него телефон?
– Не помню.
– Ну, хотя бы приблизительно…

Произошло это в грузинском ресторане. Скончался у молоденькой официантки дед. Хозяин отпустил её на похороны. Час официантки нет, два, три. Хозяин ресторана нервничает – куда, мол, она подевалась?! Некому, понимаешь, работать…
Наконец официантка вернулась. Хозяин ей сердито говорит:
– Где ты пропадала, слушай?
Та ему в ответ:
– Да ты же знаешь, Гоги, я была на похоронах. Это же целый ритуал, и всё требует времени.

Sosnora antwortete:
»In Russland dagegen gibt es jede Menge Gedanken über das Essen, über Kleider und über Unterhaltung.«

Einmal brachte uns Grubin[2] eine Torte mit. Ich sage zu ihm:
»Aber wieso denn? Was sind das für altmodische Manieren?«
Grubin antwortete:
»Nächstes Mal bringe ich Marihuana mit.«

»Wie ist seine Telefonnummer?«
»Ich erinnere mich nicht.«
»Nicht einmal ungefähr?«

Es geschah in einem georgischen Restaurant. Der Onkel einer jungen Kellnerin war verschieden. Der Wirt gab ihr für die Beerdigung frei. Die Kellnerin war schon eine Stunde weg, dann zwei, dann drei. Der Wirt regt sich auf – wo kann sie stecken? Wer soll die ganze Arbeit tun? …
Schließlich kommt die Kellnerin zurück. Der Wirt sagt ärgerlich zu ihr:
»Hör mal, wo warst du die ganze Zeit?«
Sie antwortet ihm:
»Das weißt du doch, Gogi, ich war auf der Beerdigung. Das ist doch ein ganzes Ritual und alles braucht Zeit.«

2 Walerij Grubin, Studienkollege von Sergej Dowlatow.

Хозяин ещё больше рассердился:
– Что я, похороны не знаю?! Зашёл, поздравил и ушёл!

Вышла как-то мать на улицу. Льёт дождь. Зонтик остался дома. Бредёт она по лужам. Вдруг навстречу ей алкаш, тоже без зонтика. Кричит:
– Мамаша! Мамаша! Чего это они все под зонтиком, как дикари?!

Журналиста Костю Белякова увольняли из редакции за пьянство. Шло собрание. Друзья хотели ему помочь. Они сказали:
– Костя, ты ведь решил больше не пить?
– Да, я решил больше не пить.
– Обещаешь?
– Обещаю.
– Значит, больше – никогда?
Костя помолчал и добавил:
– И меньше – никогда!

Хармс говорил:
– Телефон у меня простой – 32-8. Запоминается легко. Тридцать два зуба и восемь пальцев.

Der Wirt wurde noch ärgerlicher:
»Ich weiß, was eine Beerdigung ist! Du gehst hinein, gratulierst und gehst!«

Meine Mutter ging die Straße entlang. Es goss in Strömen. Der Schirm war zu Hause geblieben. Sie wandert durch die Pfützen. Plötzlich kommt ihr, auch ohne Schirm, ein Betrunkener entgegen und schreit:
»Schauen Sie nur! Schauen Sie nur! Was rennen die alle unter ihren Schirmen herum, wie die Primitiven?!«

Der Journalist Kostja Beljakow sollte wegen Trunkenheit aus der Redaktion entlassen werden. Zu diesem Zweck fand eine Versammlung statt. Seine Freunde wollten ihm helfen. Sie sagten:
»Kostja, hast du nicht beschlossen, nie mehr zu trinken?«

»Doch, ich habe beschlossen, nie mehr zu trinken.«

»Versprichst du es?«

»Ich verspreche es.«

»Also, nie mehr?«

Kostja schwieg und fügte dann hinzu:
»Und nie weniger!«

Charms[3] pflegte zu sagen:
»Ich habe eine einfache Telefonnummer: 32-8. Man kann sie sich leicht merken. Zweiunddreißig Zähne und acht Finger.«

3 Daniil Charms (1905–42), russischer Dichter.

Либеральная точка зрения: «Родина – это свобода». Есть вариант: «Родина там, где человек находит себя». Одного моего знакомого провожали друзья в эмиграцию. Кто-то ему сказал:

– Помни, старик! Где водка, там и Родина!

Однажды после жуткого запоя Вольф и Копелян уехали на дачу. Так сказать, на лоно природы. Наконец, вышли из электрички. Копелян, указывая пальцем, дико закричал:

– Смотри! Смотри! Живая птица!..

Как-то сидел у меня Весёлов, бывший лётчик. Темпераментно рассказывал об авиации. Он говорил:

– Самолёты преодолевают верхнюю облачность… Жаворонки попадают в сопла… Глохнут моторы… Самолёты падают… Люди разбиваются… Жаворонки попадают в сопла… Гибнут люди…»

А напротив сидел Женя Рейн.

– Самолёты разбиваются, – кричал Весёлов, – Моторы глохнут… В сопла попадают жаворонки… Гибнут люди…

Тогда Рейн обиженно крикнул:

– А жаворонки, что – выживают?!..

Der liberale Gesichtspunkt: Heimat ist Freiheit. Eine Variante: Die Heimat ist dort, wo der Mensch sich befindet. Einer meiner Bekannten nahm vor seiner Emigration von Freunden Abschied. Einer sagte zu ihm:
»Vergiss nicht, mein Alter! Wo Wodka ist, da ist auch die Heimat!«

Einmal nach einem unheimlichen Besäufnis fuhren Wolf und Kopeljan zur Datscha. Sozusagen in den Schoß der Natur. Endlich stiegen sie aus der Eisenbahn. Mit dem Finger zeigend, schrie Kopeljan wie wild:

»Schau! Schau! Ein Vogel, der fliegt! ...«

Eines Tages saß bei mir Wessjolow, ein ehemaliger Flieger. Er erzählte temperamentvoll von der Luftfahrt. Er sagte:
»Die Flugzeuge durchstoßen die obere Wolkenschicht ... Lerchen geraten in die Düsen ... Die Motoren werden abgewürgt ... Die Flugzeuge fallen zu Boden ... Die Menschen stürzen zu Tode ... Lerchen geraten in die Düsen ... Die Menschen kommen um ...«

Und gegenüber saß Schenja Rein[4].

»Die Flugzeuge zerschellen«, schrie Wessjolow, »die Motoren werden abgewürgt ... Lerchen geraten in die Düsen ... Die Menschen kommen um ...«

Da rief Rein beleidigt:
»Und was ist mit den Lerchen, bleiben die am Leben?! ...«

4 Schenja Rein (Eugenij Rein), russischer Dichter.

Однажды Воскобойникова подвели американские туристы. Может, не явились в гости. Что-то в этом роде. Воскобойников слегка обиделся, но пошутил:
– Я напишу Джимми Картеру. Что это, мол, за безобразие?! Даже не позвонили…

А Бродский Воскобойникову говорит:
– Ты напиши до востребования. А то Джимми Картер ежедневно бегает на почту и всё убивается: снова от Воскобойникова ни звука..!

Старуха – эмигрантка в рыбном магазине:
– Я догадывалась, что здесь говорят по-английски. Но кто же мог знать, что до такой степени?!..

Как-то мы с женой случайно оказались в зоомагазине. У двери висела клетка с попугаем. Я почему-то решил, что это какаду. У попугая были зелёные крылья, жёлтый гребень и оранжевый хвост.

Неожиданно он что-то выкрикнул противным хриплым голосом.

– Обрати внимание, – сказала моя жена, – даже какаду говорит по-английски лучше нас…

Однажды в Лондон вылетела делегация советских киноработников. Среди них был документалист Усыпкин. На второй день он исчез. Стали его

Einmal versetzten amerikanische Touristen Woskobojnikow[5]. Vielleicht kamen sie nicht zu einer Einladung. Etwa in der Art. Woskobojnikow war etwas beleidigt, aber scherzte: »Ich werde an Jimmy Carter schreiben. Was für eine Ungezogenheit?! Sie haben nicht einmal angerufen …«

Und Brodskij[6] zu Woskobojnikow:

»Schreib postlagernd – sonst läuft Jimmy Carter täglich auf die Post und grämt sich: Schon wieder kein Wort von Woskobojnikow …!«

Die alte Dame – (russische) Emigrantin – im Fischladen: »Ich vermutete, dass man hier englisch spricht. Aber wer konnte wissen, dass sie es in einem solchen Maße tun? …«

Einmal gerieten ich und meine Frau zufällig in eine Zoohandlung. An der Tür hing ein Käfig mit einem Papagei. Aus irgendeinem Grund entschied ich, dass das ein Kakadu sei. Der Kakadu hatte grüne Flügel, einen gelben Kamm und einen orangefarbenen Schwanz.

Unerwartet schrie er etwas mit einer widerlichen heiseren Stimme.

»Beachte«, sagte meine Frau, »sogar der Kakadu spricht besser englisch als wir …«

Es flog einmal eine Delegation sowjetischer Filmschaffender nach London. Unter ihnen befand sich auch der Dokumentarfilmautor Usypkin. Am zweiten Tag verschwand

5 Walerij Woskobojnikow, russischer Schriftsteller.
6 Jossif Brodskij, russischer Dichter, Nobelpreisträger.

разыскивать. Обратились в полицию. Им сказали:
– Русский господин попросил убежища!

Советские люди захотели встретиться с беглецом. Он сидел между двумя констеблями.

– Что ты наделал, Володя, – сказали коллеги, – ведь у тебя семья, работа, договоры…

– Я выбрал свободу, – заявил Усыпкин.

– Завтра мы едем в Стрэдфорд, – сказали коллеги, – если надумаешь, приходи в 9.00 к отелю.

– Вряд ли, – сказал Усыпкин, – я выбрал свободу!

Однако на следующий день он явился и вместе со всеми сел в автобус.

«Ладно, – думают советские люди, – сейчас мы промолчим, а дома тебе покажем…»

Они долго гуляли по Стрэдфорду и вдруг обнаружили, что Усыпкин снова исчез. Обратились в полицию.

– Русский господин попросил убежища, – сказал инспектор.

Встретились с беглецом. Усыпкин сидит между двумя констеблями.

– Что ты делаешь, Володя?

– Я всё-таки выбрал свободу! – заявил Усыпкин.

er. Man begann Nachforschungen anzustellen. Und wandte sich an die Polizei. Dort hieß es:
»Der russische Sir hat um politisches Asyl ersucht.«

Die Sowjetbürger wünschten den Ausreißer zu treffen. Da saß er zwischen zwei Constables.

»Was hast du da angestellt, Wolodja«, sagten seine Kollegen, »du hast doch deine Familie, deine Arbeit, deine Verträge ...«

»Ich habe mich für die Freiheit entschieden«, erklärte Usypkin.

»Morgen fahren wir nach Stratford«, sagten seine Kollegen, »wenn du es dir anders überlegst, komm um neun Uhr zum Hotel.«

»Wohl kaum«, sagte Usypkin, »ich habe mich für die Freiheit entschieden!«

Aber am folgenden Tag erschien er und bestieg mit allen anderen den Autobus.

»Nun gut«, dachten die Sowjetbürger, »jetzt sagen wir dir nichts, aber zu Hause zeigen wir es dir ...«

Sie spazierten lange durch Stratford und stellten plötzlich fest, dass Usypkin wieder verschwunden war. Sie wandten sich an die Polizei.

»Der russische Sir hat um politisches Asyl ersucht«, sagte der Inspektor.

Sie trafen sich mit dem Ausreißer. Usypkin saß zwischen zwei Constables.

»Was machst du nur, Wolodja?«

»Ich habe mich doch für die Freiheit entschieden!«, erklärte Usypkin.

Встретил я однажды поэта Горбовского. Он и говорит:

– Со мной произошло несчастье. Оставил в такси рукавицы, шарф и пальто. Ну, пальто дал мне Иосиф Бродский, шарф – Кушнер. А рукавиц до сих пор нет.

Тут я вынул свои перчатки и говорю:

– Глеб! Носи на здоровье!

Мне было лестно и приятно оказаться в такой системе: Бродский, Кушнер, Горбовский и я…

На следующий день Горбовский пришёл к Битову, рассказывал про утраченную одежду и кончил так:

– Ничего, пальто дал мне Бродский, шарф – Кушнер, а рукавицы… Васька Аксёнов…

Грубин предложил мне отметить вместе ноябрьские торжества. Я сказал, что пить в этот день не буду. А он и говорит:

– Нельзя этой дате оказывать такую честь. Почему-то именно в этот день вдруг не пить… Слишком большая честь…

Einmal traf ich den Dichter Gorbowskij. Der sagte zu mir:
»Mir ist ein Unglück zugestoßen. Im Taxi habe ich Handschuhe, Schal und Mantel vergessen. Nun ja, einen Mantel hat mir Jossif Brodskij gegeben und einen Schal – Kuschner. Handschuhe habe ich bis heute nicht.«

Da zog ich meine Handschuhe aus der Tasche und sagte:
»Gleb! Mögen sie dir lange dienen!«

Es schmeichelte mir angenehm, mich in solcher Gesellschaft zu befinden: Brodskij, Kuschner, Gorbowskij[7] und ich …

Am folgenden Tag war Gorbowskij bei Bitow[8], erzählte von seinen verlorenen Kleidungsstücken und endigte wie folgt:
»Aber das machte nichts, denn Brodskij gab mir einen Mantel, Kuschner – einen Schal, und … Waska Aksjonow[9] – Handschuhe …«

Grubin schlug mir vor, dass wir die Novemberfeierlichkeiten gemeinsam begehen sollten. Ich sagte, dass ich an jenem Tag nicht trinken würde. Da sagte er zu mir:
»Man sollte diesem Datum nicht solche Ehre erweisen. Warum sollte man ausgerechnet an diesem Tag plötzlich nicht trinken … Das ist wirklich zuviel der Ehre …«

7 russische Autoren.
8 Andrej Bitow, russischer Schriftsteller.
9 Wassilij Aksjonow, russischer Schriftsteller.

Сергей Вольф и я написали очерк для журнала «Костёр». Очерк напечатали за подписью «Сергей Вольф». Я несколько обиделся. Выразил претензии. А Вольф и говорит:

– Я использовал коллективный псевдоним. Твоё имя, моя фамилия. И получилось – Сергей Вольф.

Я видел Михаила Светлова единственный раз. Он сидел в буфете на улице Воинова. Его окружала заискивающая свита.

Светлов заказывал. Он достал из кармана сто рублей. Это были старые деньги с изображением Кремля. Светлов подмигнул, разгладил купюру и говорит:

– Пропьём этот ландшафт?!

Моя жена как-то спросила Арьева:

– Андрей, я не пойму, ты куришь или нет?

– Видишь ли, – сказал Андрей, – я закуриваю только тогда, когда пью. Но поскольку я выпиваю беспрерывно, многие думают, что я курю.

Тамара Зибунова приобрела стереофоническую радиолу «Эстония». С помошью товарищей по ра-

Sergej Wolf[10] und ich hatten eine Skizze für die Zeitschrift »Das Lagerfeuer« geschrieben. Die Skizze wurde mit der Unterschrift »Sergej Wolf« gedruckt. Ich nahm das etwas übel. Ich äußerte meine Ansprüche. Dazu sagte Wolf:
»Ich habe ein Kollektivpseudonym verwendet. Deinen Namen und meinen Nachnamen. Und daraus entstand Sergej Wolf.«

Ich habe Michail Swetlow[11] nur ein einziges Mal gesehen. Er saß in einer Wirtschaft in der Woinowstraße, von untertänigem Gefolge umgeben.

Swetlow bestellte. Er zog hundert Rubel aus der Tasche. Es war ein alter Schein mit dem Bild des Kremls. Swetlow zwinkerte, glättete den Schein und sagte:
»Wollen wir diese Landschaft vertrinken?!«

Meine Frau fragte einmal Arjew[12]:
»Andrej, ich kann nicht verstehen, rauchst du nun oder nicht?«

»Siehst du«, sagte Andrej, »ich stecke mir nur eine Zigarette an, wenn ich trinke. Aber da ich ständig trinke, glauben viele, dass ich rauche.«

Tamara Sibunowa hatte einen Stereoempfänger »Estonia« gekauft. Mit der Hilfe einiger Kollegen trug sie ihn

10 russischer Dichter und Schriftsteller.
11 russischer Dichter.
12 Andrej Arjew, Literaturwissenschaftler, Chefredakteur der Petersburger Zeitschrift »Swesda«.

боте несла её домой. На лестничной площадке стоял алкоголик дядя Саша. Тамара говорит:

– Вот, дядя Саша, купила радиолу, твой мат заглушать.

Дядя Саша неожиданно крикнул:

– Правду не заглушишь!

nach Hause. Auf dem Treppenabsatz stand der Alkoholiker Onkel Sascha. Tamara sagt zu ihm:
»Da hast du es, Onkel Sascha, ich habe ein Radio gekauft, um dein unflätiges Fluchen zu übertönen.«

Da ruft Onkel Sascha plötzlich:
»Die Wahrheit kann man nicht übertönen!«

Записка

Как-то в начале января Поляков, доставая из почтового ящика газету, обнаружил вчетверо сложенную бумажку. Будучи от природы человеком любопытным, Поляков бумажку развернул. Чёрным фломастером там было написано: «Через год». И всё. Ни числа, ни подписи. Повертев загадочную записку в руках, он скомкал её и бросил за батарею. А что ещё делать с такой запиской?

Спустя некоторое время зима кончилась, уступив своё место весне. А потом и весна кончилась.

И вот как-то в начале лета Поляков, доставая из ящика газету, вновь обнаружил там вчетверо сложенный листок. Развернув его, он прочитал: «Через полгода». И тут он вспомнил, что уже получал подобную записку полгода назад. Сопоставив факты, Поляков уловил во всём этом определённую тенденцию, суть которой, однако, осталась неясной. Записку он на этот раз не выбросил, а, напротив, положил в карман пиджака. Потом он уехал в отпуск, потом ещё много всякого произошло, и в конечном итоге Поляков про записки забыл.

И вот однажды, в начале осени, Поляков, по обыкновению доставая из ящика газету, опять обнаружил там знакомую записку. Нужно ли го-

IGOR IRTENJEW

Der Zettel

Als Poljakow irgendwann Anfang Januar die Zeitung aus dem Briefkasten nahm, entdeckte er darin ein vierfach gefaltetes Papier. Da er von Natur aus neugierig war, faltete Poljakow das Papier auseinander. Mit schwarzem Filzstift stand darauf geschrieben: »In einem Jahr«. Das war alles. Kein Datum, keine Unterschrift. Er betrachtete den rätselhaften Zettel von allen Seiten, zerknitterte ihn und warf ihn hinter den Heizkörper. Was sollte man sonst mit so einem Zettel tun?

Nach einiger Zeit ging der Winter zu Ende und ließ den Frühling an die Reihe. Dann ging auch der Frühling zu Ende.

Und als Poljakow irgendwann am Anfang des Sommers die Zeitung aus dem Briefkasten nahm, entdeckte er dort erneut ein vierfach gefaltetes Blatt. Als er es auseinandergefaltet hatte, las er: »In einem halben Jahr«. Und da erinnerte er sich, dass er vor einem halben Jahr einen ähnlichen Zettel erhalten hatte. Als Poljakow diese Fakten kombinierte, erfasste er in all diesem eine bestimmte Tendenz, deren eigentliches Wesen jedoch unklar blieb. Diesmal warf er den Zettel nicht weg, sondern steckte ihn im Gegenteil in seine Jackentasche. Dann fuhr er in den Urlaub, dann geschah noch alles Mögliche und letztendlich vergaß Poljakow die Zettel.

Als Poljakow aber eines Tages zu Beginn des Herbstes nach seiner Gewohnheit die Zeitung aus dem Briefkasten nahm, entdeckte er dort wieder den bekannten Zettel. Ist es

ворить, что её вид возбудил в нём острое чувство любопытства? Не нужно. Развернув листок, он прочёл: «Через три месяца». Но что «через три месяца» и почему «через три месяца», было совершенно неясно. По крайней мере, из содержания записки это никак не вытекало. С этого дня в душе Полякова поселилась тревога. Он стал замкнут и угрюм. Впервые он ощутил себя не полноправным гражданином, а ничтожной пылинкой в безжалостной игре роковых стихий. «Что я?» – думал, бывало, Поляков, глядя на своё мрачное отражение в зеркале институтского лифта. «Что они?» – горько размышлял он, всматриваясь в беспечные лица коллег. «Что все мы?» – кричала его душа и, не находя ответа, металась в тесных своих пределах.

А время шло, и в первых числах декабря, когда лёд уже сковал гладь водоёмов, а последние птицы улетели в страны с более высокой среднегодовой температурой, Поляков достал из зловещего ящика новую записку. «Через месяц» – вот что было там написано на этот раз. В преддверии неизбежного он выправил у знакомого врача бюллетень с невразумительным диагнозом и пустился в бешеный разгул. До сих пор завсегдатаи кафе «Ветерок», расположенного рядом с его домом, ёжатся, вспоминая, что отчебучивал терзаемый роковыми предувствиями Поляков. Четыре недели пролетели, как один день. Четыре недели вошедший в штопор Поляков не подходил к роковому ящику, а

nötig zu sagen, dass sein Anblick in ihm heftige Neugier weckte? Es ist nicht nötig. Als er das Blatt auseinandergefaltet hatte, las er: »In drei Monaten«. Aber was »in drei Monaten« sein würde und warum »in drei Monaten«, war völlig unklar. Zumindest war dies aus dem Inhalt des Zettels keineswegs ersichtlich. Von diesem Tag an nistete sich Unruhe in Poljakows Seele ein. Er wurde verschlossen und mürrisch. Zum ersten Mal fühlte er sich nicht als vollwertiger Bürger, sondern als nichtiges Stäubchen im erbarmungslosen Spiel verhängnisvoller Elementargewalten. »Was bin ich?«, dachte Poljakow manchmal, wenn er sein finsteres Abbild im Spiegel des Institutsliftes anschaute. »Was sind sie?«, überlegte er bitter, indem er sich die sorglosen Gesichter seiner Kollegen genau ansah. »Was sind wir alle?«, schrie seine Seele und warf sich, ohne eine Antwort zu finden, in ihrem engen Gefängnis von einer Seite auf die andere.

Die Zeit verging, und in den ersten Dezembertagen, als das Eis schon die Wasseroberfläche bedeckte und die Vögel in Länder mit höherer Jahresdurchschnittstemperatur flogen, nahm Poljakow aus dem unheilvollen Briefkasten einen neuen Zettel. »In einem Monat« – so stand diesmal darauf geschrieben. Im Angesicht des Unausweichlichen besorgte er sich bei einem ihm bekannten Arzt einen Krankenschein mit einer undurchsichtigen Diagnose und begann ein rasendes Trinkgelage. Bis auf den heutigen Tag schaudern die Stammgäste des Cafés »Windchen«, das gleich neben seinem Haus liegt, wenn sie sich daran erinnern, was der von verhängnisvollen Ahnungen gepeinigte Poljakow dort anrichtete. Vier Wochen verflogen wie ein Tag. Vier Wochen lang ging der völlig ins Trudeln geratene Poljakow nicht an den verhängnisvollen Briefkasten, und als er ihn

когда наконец открыл его, то среди вороха газет отыскал вещий листок. Строчки заплясали перед его глазами, слились в один хоровод и, распавшись, образовали: «Сегодня». Силы покинули его. Цепляясь за перила, Поляков поднялся к себе в квартиру, лёг на диван и, накрыв голову подушкой, забылся тяжёлым сном.

Когда он проснулся, на часах было десять. Стояло сухое морозное утро. По улице в разных направлениях двигался транспорт, люди спешили по своим делам. Он побрился, принял душ и надел чистую рубашку. На душе было пусто и светло. Поляков позавтракал, оделся и, насвистывая что-то, спустился вниз. Открыв ящик, он достал оттуда свежую газету. Из газеты выпал вчетверо сложенный листок. Продолжая насвистывать, он развернул его. Знаете, что там было написано? Там было написано: «Вчера». Вот что там было написано! Повертев глупую бумажку в руках, Поляков небрежно скомкал её, бросил за батарею и пошёл жить дальше.

endlich aufmachte, suchte er aus dem Zeitungshaufen das prophetische Blatt. Die Zeilen begannen vor seinen Augen zu tanzen, verbanden sich zu einem Reigen, und als sie wieder auseinander fielen, bildeten sie das Wort: »Heute«. Seine Kräfte verließen ihn. Sich ans Geländer klammernd, stieg Poljakow in seine Wohnung hinauf, legte sich auf die Couch, bedeckte seinen Kopf mit einem Kissen und sank in einen schweren Schlaf.

Als er erwachte, war es zehn Uhr. Ein trockener frostiger Morgen. Auf der Straße strömte der Verkehr in verschiedenen Richtungen, die Menschen gingen eilig ihren Geschäften nach. Er rasierte sich, nahm eine Dusche und zog ein sauberes Hemd an. Er fühlte sich leer und heiter zugleich. Poljakow frühstückte, zog sich etwas über und ging pfeifend nach unten. Er öffnete den Briefkasten und nahm die frische Zeitung heraus. Aus der Zeitung fiel ein vierfach gefaltetes Blatt. Ohne mit dem Pfeifen aufzuhören, faltete er es auseinander. Wissen Sie, was darauf stand? Es stand darauf: »Gestern«. Das stand darauf! Er betrachtete den dummen Zettel von allen Seiten, zerknitterte ihn nachlässig, warf ihn hinter den Heizkörper, ging und lebte weiter.

АЛЕКСАНДР КАНЕВСКИЙ

Круговорот

В моей квартире завелась моль. Она летала стаями по комнатам и поедала всё меховое и шерстяное. Я просто не знал, что делать. И нафталин сыпал и химикаты разбрызгивал – ничего не помогало. Тогда мне посоветовали завести жаб, мол, поедят не только саму моль, но и её личинки. Я послушался и завёл жаб. Действительно, моль исчезла, но жабы развелись в таком количестве, что жить в квартире стало невозможно.

– Нужны цапли, – подсказали мне друзья, – и жаб как ветром сдует.

Я завёл цапель. Через несколько дней последняя жаба в ужасе выпрыгнула с восьмого этажа. Но теперь я не мог избавиться от новых квартирантов: цапли оказались очень привязчивыми созданиями. Они заполнили ванну и весь день плескались в воде. Я выгонял их за дверь – они влетали в окна. Я закрывал окна – они толпились на балконе и барабанили клювами в стекло.

– Заведи ружьё, – посоветовал мне знакомый охотник. – Их легко можно отгонять выстрелами.

Я купил двустволку, каждые полчаса выставлял дула в форточку и бабахал из обоих стволов.

ALEXANDER KANEWSKIJ

Im Kreis

In meiner Wohnung hatten sich Motten eingenistet. Sie flogen in Schwärmen durch die Zimmer und fraßen alles aus Pelz und Wolle. Ich wusste nicht, was tun. Ich streute Mottenpulver und versprühte Chemikalien – nichts half. Dann empfahl man mir Kröten anzuschaffen, denn diese würden nicht nur die Motten selbst, sondern auch ihre Larven fressen. Ich gehorchte und schaffte Kröten an. Tatsächlich verschwanden die Motten, aber die Kröten vermehrten sich in solchem Ausmaß, dass das Leben in der Wohnung unmöglich wurde.

»Du brauchst Reiher«, sagten mir meine Freunde, »und die Kröten sind wie vom Wind weggeblasen.«

Ich schaffte Reiher an. Nach einigen Tagen war die letzte Kröte voll Entsetzen aus dem achten Stock gesprungen. Aber jetzt konnte ich mich vor meinen neuen Mitbewohnern nicht mehr retten: die Reiher erwiesen sich als sehr anhängliche Geschöpfe. Sie füllten die Badewanne und spritzten den ganzen Tag im Wasser herum. Ich warf sie zur Tür hinaus – sie kamen durch die Fenster wieder hereingeflogen. Ich schloss die Fenster – sie drängten sich auf dem Balkon und trommelten mit den Schnäbeln gegen die Scheibe.

»Schaff dir ein Gewehr an«, riet mir ein Bekannter, der Jäger war. »Es ist leicht sie mit Schüssen zu vertreiben.«

Ich kaufte mir eine Doppelflinte, streckte alle halbe Stunde die Mündungen aus dem Guckfenster und ließ es aus beiden Läufen krachen.

После каждого выстрела цапли, действительно, взмывали в небо, но соседи стали жаловаться в домоуправление, что я не даю им спокойно жить.

Чтобы уменьшить звукопроводимость, я купил ковры и развесил их на всех стенах. Сразу появилась моль.

– Заведи жаб, – посоветовали мне друзья.

Tatsächlich stiegen die Reiher nach jedem Schuss gegen den Himmel auf, aber meine Nachbarn begannen sich bei der Hausverwaltung zu beschweren, dass ich sie nicht ruhig leben ließe.

Um die Schalldurchlässigkeit zu verringern, kaufte ich Teppiche und hing sie an allen Wänden auf. Sofort erschienen Motten.

»Schaff dir Kröten an«, rieten mir meine Freunde.

ВЛАДИМИР КЛИМОВИЧ

Голос

Закончив обед, хозяин серебряной зубочисткой поковырялся в зубах, хрустящей крахмальной салфеткой вытер губы и прислушался к внутреннему состоянию. Изжоги не было. На всякий случай он выпил стакан минеральной воды и вышел на крыльцо.

Множество собак, расположившихся по всему двору, увидев хозяина, перестали чесаться, ловить блох и вылизываться. Виляя хвостами, тихонько повизгивая, они окружили крыльцо, преданно смотря на хозяина. Заскрипела, открываясь, дверь в сарае, и оттуда появился управляющий. Ежесекундно кланяясь, он подобрался к крыльцу и преданно, как собака, глядя на хозяина, сказал:

– Полаять бы надо собачкам. Разрешите?

– Ну, пусть полают, – благодушно разрешил хозяин.

Управляющий расправил грудь и командирским голосом крикнул:

– Голос!

Поджав хвосты, испуганные собаки стали расползаться по двору.

– Ишь ты, боятся, – так же благодушно заметил хозяин и ласково приказал:

– Голос, голос!

WLADIMIR KLIMOWITSCH

Laut

Am Ende des Mittagessens stocherte sich der Herr des Hauses eine Weile mit einem silbernen Zahnstocher in den Zähnen, wischte sich mit einer krachend gestärkten Serviette die Lippen ab und horchte auf seinen inneren Zustand. Kein Sodbrennen. Für alle Fälle trank er ein Glas Mineralwasser und begab sich auf die Außentreppe.

Eine große Anzahl Hunde, die sich auf dem ganzen Hof niedergelassen hatten, hörten beim Anblick ihres Herrn auf, sich zu kratzen, Flöhe zu fangen und sich zu lecken. Schwanzwedelnd und leise winselnd sammelten sie sich um die Treppenstufen, treu ihren Herrn anblickend. Das Scheunentor quietschte, öffnete sich, und der Verwalter erschien. Sich jede Sekunde verbeugend, näherte er sich der Außentreppe und seinem Herrn treu wie ein Hund in die Augen schauend, sagte er:

»Die Hündchen müssten etwas bellen, erlauben Sie?«

»Lass sie nur bellen«, gab der Hausherr gutmütig seine Erlaubnis.

Der Verwalter reckte die Brust und rief mit Kommandostimme:

»Gebt Laut!«

Mit eingezogenem Schwanz begannen die erschrockenen Hunde über den Hof auseinanderzukriechen.

»Da sieh mal einer an, sie haben Angst«, bemerkte der Herr ebenso gutmütig und befahl freundlich:

»Gebt Laut! Gebt Laut!«

Собаки остановились. Любимая собака хозяина негромко гавкнула и на всякий случай спряталась под крыльцо. Хозяин засмеялся. Собаки робко-робко загавкали, а потом, осмелев, залаяли в полный голос. Им стали откликаться собаки с других дворов. И вся деревня ожила звуками: заблеяли овцы, замычали коровы, закукарекали петухи, закудахтали куры.

Бродячий пёс, услышав лай хозяйских собак, на всякий случай закопал кость, которую он с большим трудом отнял у другой бродячей собаки, лёг на неё, положил морду на передние лапы и стал ждать, что будет дальше.

Насос

Александр Дмитриевич Печерский – человек уважаемый среди товарищей по работе и соседей. У Александра Дмитриевича есть старинный медный насос ручной работы. Этот насос прапрадед Александра Дмитриевича в 1812 году отбил у французов.

Теперь такой насос не достанешь.

Die Hunde blieben stehen. Der Lieblingshund des Herrn bellte kurz und leise und versteckte sich für alle Fälle unter der Außentreppe. Der Hausherr lachte. Die Hunde begannen ganz scheu zu kläffen, dann fassten sie Mut und bellten aus vollem Hals. Die Hunde der anderen Höfe antworteten ihnen nach und nach. Das ganze Dorf füllte sich mit Tierstimmen: die Schafe blökten, die Kühe muhten, die Hähne krähten, die Hennen gackerten.

Ein streunender Hund, der das Gebell der Hofhunde gehört hatte, vergrub für alle Fälle den Knochen, den er mit großer Mühe einem anderen streunenden Hund abgenommen hatte, legte sich darauf, das Maul auf den Vorderpfoten, und begann zu warten, was weiter geschehen würde.

Die Pumpe

Alexander Dmitriewitsch Petscherskij ist unter seinen Arbeitskollegen und Nachbarn ein geachteter Mann. Er besitzt eine alte handgearbeitete Pumpe aus Kupfer. Diese Pumpe hat Alexander Dmitriewitschs Urgroßvater im Jahre 1812 den Franzosen abgenommen.

Heutzutage ist eine solche Pumpe nicht mehr aufzutreiben.

В теленовостях

– А сейчас сообщаем радостную весть. Только что к нам в студию позвонил пенсионер Никифоров из города Пензы и заявил, что ответственность за взрыв Тутуевского газопровода, а также аварии других газо- и нефтепроводов, падения самолётов, крушения поездов и все прочие катастрофы, ужасы и проблемы в нашей стране за последние 75 лет он берёт на себя.

Куда ты?

Если человек бежит, расталкивая локтями прохожих, спотыкаясь на ступеньках и не здороваясь, ему кричат вдогонку:
«Куда ты?..»
А он не отвечает и бежит, шлёпая по лужам, шумно дыша и устремив вперёд невидящий безумный взгляд.
Ему орут:
«Куда ты?!..»
А его нужно взять за рукав и тихо, душевно спросить:
«Откуда ты?»

ANDREJ KNYSCHEW

Aus den Fernsehnachrichten

»Und jetzt eine erfreuliche Nachricht. Soeben hat der Rentner Nikiforow aus Pensa bei uns im Studio angerufen und erklärt, dass er die Verantwortung für die Explosion der Gasleitung in Tutujewo sowie die Unfälle anderer Gas- und Ölleitungen, Flugzeugabstürze, Zugunglücke und alle anderen Katastrophen, Greuel und Probleme während der letzten 75 Jahren in unserem Land auf sich nimmt.«

Wohin so eilig?

Wenn jemand rennt und die Passanten mit den Ellenbogen auseinander stößt, über Stufen stolpert und nicht grüßt, ruft man ihm nach:

»Wohin so eilig? …«

Aber er antwortet nicht und rennt weiter, durch Pfützen watend, schwer atmend und den abwesenden Blick wie ein Wahnsinniger in die Ferne gerichtet.

Man brüllt ihn an:

»Wohin?! …«

Aber eigentlich sollte man ihn am Ärmel festhalten und ihn ruhig und anteilnehmend fragen:

»Woher kommst du?«

Твёрдая позиция

– У тебя нет своего лица. Посмотри на себя: ещё вчера ты была в зелёных листьях, сегодня в жёлтых, а завтра, глядишь, и вообще выйдешь голышом? У тебя то цветочки, то ягодки! Какая беспринципность! Какая аморфность жизненной позиции! Ты перекрашиваешься, ты подлаживаешься под обстоятельства и пляшешь под чужую дудку! Надо не метаться из крайности в крайность, а в любой ситуации, всегда оставаться самим собой!

Всё это говорил пень яблоне.

Песочные часы

Куча песчинок пересыпалась из одной половинки песочных часов в другую.

Из первой – во вторую, из второй – обратно в первую, из первой – снова во вторую. Из верхней – в нижнюю.

Только одна песчинка не пересыпалась вместе со всеми.

Она давно уже пристроилась в укромном уголке одной из половинок и вязала носки, спокойно наблюдая за остальными.

Она одна знала точно, который час.

Ein fester Standpunkt

»Was ist dein wahres Gesicht? Schau dich an: Noch gestern trugst du ein Kleid aus grünen Blättern, heute aus gelben, und morgen, eh man sich's versieht, wirst du überhaupt ganz nackt herumlaufen? Mal hast du Blüten, mal Früchte! Was für eine Prinzipienlosigkeit! Was für eine amorphe Lebenseinstellung! Ständig wechselst du die Farbe, passt dich den Umständen an und tanzt nach der Pfeife der anderen! Man darf nicht von einem Extrem ins andere fallen, sondern muss in jeder beliebigen Lage sich selbst treu bleiben!«

All dies sagte der Baumstumpf zum Apfelbaum.

Die Sanduhr

Der Haufen Sandkörner rieselte aus der einen Hälfte der Sanduhr in die andere.

Aus der ersten – in die zweite, aus der zweiten – zurück in die erste, aus der ersten – wieder in die zweite. Aus der oberen – in die untere.

Nur ein Sandkörnchen rieselte nicht zusammen mit allen anderen.

Es hatte es sich schon lange in einem stillen Winkel in einer der beiden Hälften bequem gemacht und strickte dort Socken, wobei es ruhig die anderen beobachtete.

Es allein wusste genau, wie viel Uhr es war.

ВАДИМ ЛЕВИН

Слон и лошадь

Жила – была Лошадь. Она дружила со Слоном. Слон работал в цирке. Его все любили. И вот они пошли гулять по улице. А там – объявление, и на нём портрет Лошади.

– Это ты? – спросил Слон.

– Это не я, – ответила Лошадь. – Это моя знаменитая тёзка, чемпионка. Она побеждала на всех скачках.

– Это интересно, – сказал Слон. – А что такое «скачки»?

– Ну, ты видел, как дети бегают наперегонки?

– Да, я видел, – сказал Слон.

– Скачки – это то же самое. Только бегают лошади, – объяснила Лошадь.

– Лошадиные дети? – спросил Слон.

– Лошадиные взрослые, – ответила Лошадь.

– Очень интересно, – сказал Слон. – Просто очень. Я хотел бы посмотреть.

– Тогда пойдём на ипподром и посмотрим…

Но контролёр у входа на ипподром спросил у Лошади:

– А это кто?

– Он со мной, – ответила Лошадь.

– Со слоном нельзя, – сказал контролёр.

WADIM LEWIN

Der Elefant und das Pferd

Es war einmal ein Pferd. Das war mit einem Elefanten befreundet. Der Elefant arbeitete im Zirkus. Alle liebten ihn. Einmal, da gingen sie auf der Straße spazieren. Und da war eine Bekanntmachung und auf ihr das Bild eines Pferdes.

»Bist du das?«, fragte der Elefant.

»Nein«, antwortete das Pferd. »Das ist mein berühmter Namensvetter. Weltmeister. Er hat in allen Pferderennen gewonnen.«

»Das ist interessant«, sagte der Elefant. »Und was ist ein Pferderennen?«

»Hast du schon gesehen, wie die Kinder um die Wette laufen?«

»Ja, das habe ich gesehen«, sagte der Elefant.

»Pferderennen – das ist dasselbe. Nur rennen Pferde«, erklärte das Pferd.

»Pferdekinder?«, fragte der Elefant.

»Pferde-Erwachsene«, antwortete das Pferd.

»Sehr interessant«, sagte der Elefant. »Wirklich sehr interessant. Ich möchte das sehen.«

»Dann wollen wir auf die Rennbahn gehen und uns das anschauen.«

Aber der Kontrolleur am Eingang der Pferderennbahn fragte das Pferd:
»Und wer ist das?«

»Er gehört zu mir«, antwortete das Pferd.

»Mit einem Elefanten können Sie hier nicht rein«, sagte der Kontrolleur.

– Но я с ним дружу!

– Всё равно нельзя, – сказал контролёр.

– Он работает в цирке!

– Ну и что? – спросил контролёр.

– Его все любят!

– Это не имеет никакого значения, – сказал контролёр. – Со слонами нельзя.

– А с лошадьми можно? – спросил Слон.

– С лошадьми можно, – ответил контролёр. – Здесь ведь ипподром, а не цирк.

– Она со мной, – сказал Слон и прошёл на ипподром.

»Aber wir sind befreundet!«

»Trotzdem geht das nicht«, sagte der Kontrolleur.

»Er arbeitet im Zirkus!«

»Na und?«, fragte der Kontrolleur.

»Alle lieben ihn!«

»Das hat keinerlei Bedeutung«, sagte der Kontrolleur. »Mit Elefanten darf man nicht rein.«

»Und darf man mit Pferden rein?«, fragte der Elefant.

»Mit Pferden darf man rein«, antwortete der Kontrolleur. »Das hier ist ja eine Pferderennbahn und kein Zirkus.«

»Es gehört zu mir«, sagte der Elefant und ging auf die Pferderennbahn.

Что сказала ворона?

Прилетела Ворона и что-то каркнула.

– Что сказала ворона? – спросили у Курицы.

– Она сказала ко-ко! – ответила Квочка.

– Что сказала ворона? – спросили у Хрюшки.

– Она сказала хрю-хрю! – ответила Свинья.

– Что сказала ворона? – спросили у Кошки.

– Она сказала мяу-мяу! – ответила Кошка.

– Что сказала ворона? – спросили у Собаки.

– Она сказала гав-гав! – ответила Собака.

– Неправда! – возмутилась Ворона. – Я такого не говорила!

– Как же не говорила? – зашумели Квочка, Хрюшка, Кошка и Собака. – Как же не говорила, если мы слышали!

– Да я таких слов не знаю! – закричала Ворона. – Это всё неправда! Не верьте им!

– Как же не верить? – ответили Вороне. – Ты одна, а их вон сколько!

WLADIMIR ORLOW

Was sagte der Rabe?

Ein Rabe kam geflogen und krächzte etwas.

»Was hat der Rabe gesagt?«, fragte man das Huhn.

»Er sagte: gacker-gacker«, antwortete die Henne.

»Was hat der Rabe gesagt?«, fragte man das Schwein.

»Er sagte: oink-oink«, antwortete das Schwein.

»Was hat der Rabe gesagt?«, fragte man die Katze.

»Er sagte: miau-miau«, antwortete die Katze.

»Was hat der Rabe gesagt?«, fragte man den Hund.

»Er sagte: wuff-wuff«, antwortete der Hund.

»Das ist nicht wahr!«, empörte sich der Rabe. »Ich habe so etwas nicht gesagt!«

»Wieso denn nicht?!«, begannen zu schreien die Henne, das Schwein, die Katze und der Hund. »Wieso hast du das nicht gesagt, wenn wir es gehört haben?«

»Ich kenne ja solche Worte nicht!«, schrie der Rabe. »Das ist alles nicht wahr! Glaubt ihnen nicht!«

»Wie sollten wir ihnen nicht glauben?«, antwortete man dem Raben. »Du bist allein, und schau, wie viele sie sind!«

Случай на молочном заводе

Два лейтенанта, Петров и Брошкин, шли по территории молочного завода. Всё было спокойно. Вдруг грохнул выстрел. Петров взмахнул руками и упал замертво. Брошкин насторожился. Он пошёл к телефону-автомату, набрал номер и стал ждать.

– Алло, – закричал он. – Алло! Подполковник Майоров? Это я, Брошкин. Срочно вышлите машину на молочный завод.

Брошкин повесил трубку и пошёл к директору завода.

– Что это у вас тут … стреляют? – строго спросил он.

– Да это шпион! – с досадой сказал директор. – Третьего дня шли наши рабочие и вдруг видят: сидит он и молоко пьёт. Они побежали за ним, а он убежал и в творог залез.

– В какой творог? – удивился Брошкин.

– А у нас на четвёртом дворе триста тонн творога лежит. Так он в нём до сих пор и лазает.

– Ясно, – сказал Брошкин, чувствуя, что ничего не ясно.

Тут подъехала машина, и из неё вышли подполковник Майоров и шесть лейтенантов. Брошкин подошёл к подполковнику и чётко доложил обстановку.

– Надо брать, – сказал Майоров.

WALERIJ POPOW

Ein Vorfall in der Molkerei

Zwei Milizoffiziere, Petrow und Broschkin, gingen über das Gelände der Molkerei. Alles war ruhig. Plötzlich krachte ein Schuss. Petrow riss die Arme in die Höhe und fiel tot zu Boden. Das erregte Broschkins Aufmerksamkeit. Er ging zu einer Telefonkabine, wählte eine Nummer und begann zu warten.

»Hallo«, schrie er. »Hallo! Oberstleutnant Majorow? Hier ist Broschkin. Schicken Sie schnell einen Wagen in die Molkerei.«

Broschkin hängte auf und ging zum Direktor der Molkerei.

»Was geht hier bei Ihnen vor … es wird geschossen?«, fragte er streng.

»Das ist der Spion!«, sagte der Direktor ärgerlich. »Vorgestern kamen unsere Arbeiter und plötzlich sehen sie jemand, der da sitzt und Milch trinkt. Sie haben ihn verfolgt, aber er ist entkommen und ist im Quark untergetaucht.«

»In was für einen Quark?«, wunderte sich Broschkin.

»Wir haben im vierten Hof dreihundert Tonnen Quark liegen. So steckt er bis jetzt da drin.«

»Alles klar«, sagte Broschkin, der fühlte, dass nichts klar war.

Da fuhr der Wagen vor, und Oberstleutnant Majorow stieg mit sechs Leutnanten aus. Broschkin trat zum Oberstleutnant und schilderte ihm kurz und bündig die Lage.

»Wir müssen ihn fassen«, sagte Majorow.

– Как – брать? – закричал директор. – А творог?

– Творог вывозить, – сказал Майоров.

– Так ведь тары нет, – сокрушённо сказал директор.

– Тогда будем ждать, – сказал Брошкин, – проголодается – вылезет.

– Он не проголодается, – сказал Майоров. – Он, наверное, творог ест.

– Тогда будем ждать, пока весь съест, – сказал нетерпеливый Брошкин.

– Это будет очень долго, – сказал директор.

– Мы тоже будем есть творог, – улыбаясь, сказал Майоров.

Он построил своих людей и повёл их на четвёртый двор, там они растянулись шеренгой у творожной горы и стали есть. Вдруг они увидели, что к ним идёт огромная толпа. Впереди шёл пожилой рабочий в очках.

– Мы к вам, – сказал он Майорову. – В помощь. Сейчас у нас обеденный перерыв, вот мы и пришли.

– Спасибо, – сказал Майоров, и его строгие глаза потеплели.

Дело пошло быстрее. Когда творога осталось килограммов двадцать, из творога выскочил человек. Он быстро сбил шестерых лейтенантов. Потом побежал через двор, ловко увернувшись от наручников, что лежали на крышке люка. Брошкин побежал за ним. Никто не стрелял. Все боялись попасть в Брошкина. Брошкин не стрелял, боясь

»Was heißt fassen?«, rief der Direktor. »Und was wird mit dem Quark?«

»Den Quark transportieren Sie ab«, sagte Majorow.

»Wir haben doch kein Leergut«, sagte der Direktor bekümmert.

»Dann werden wir warten«, sagte Broschkin. »Wenn er hungrig wird, wird er herauskriechen.«

»Er wird nicht hungrig werden«, sagte Majorow. »Er isst wahrscheinlich den Quark.«

»Dann werden wir warten, bis er ihn ganz aufgegessen hat«, sagte der ungeduldige Broschkin.

»Das wird sehr lange dauern«, sagte der Direktor.

»Wir werden auch von dem Quark essen«, sagte Majorow lächelnd.

Er ließ seine Leute antreten und führte sie in den vierten Hof. Dort bildeten sie eine Reihe vor dem Quarkberg und begannen zu essen. Plötzlich sahen sie, dass eine gewaltige Menschenmenge zu ihnen kommt. An der Spitze ging ein älterer Arbeiter mit einer Brille.

»Wir kommen Ihnen zu Hilfe«, sagte er zu Majorow. »Wir haben jetzt Mittagspause, da sind wir eben gekommen.«

»Danke«, sagte Majorow, und der kühle Blick seiner strengen Augen erwärmte sich.

Die Sache ging schneller voran. Als ungefähr zwanzig Kilo Quark übriggeblieben waren, sprang ein Mann aus dem Quark. Er warf rasch die sechs Leutnante zu Boden. Dann rannte er über den Hof, wobei er gewandt den Handschellen auswich, die auf einer Lüftungsklappe lagen. Broschkin verfolgte ihn. Niemand schoss. Alle fürchteten Broschkin zu treffen. Broschkin schoss nicht, denn er fürch-

попасть в шпиона. Стрелял один шпион. Вот он скрылся в третьем дворе. Брошкин скрылся там же. Через минуту он вышел назад.

– Плохо дело, – сказал Брошкин. – Теперь он в масло залез.

tete den Spion zu treffen. Allein der Spion schoss. Da verschwand er im dritten Hof. Broschkin verschwand ebendort. Nach kurzer Zeit kam er zurück.

»Die Sache steht schlecht«, sagte Broschkin. »Jetzt ist er in die Butter gekrochen.«

ВАЛЕРИЙ РОНШИН

Как я стал мухой

Жил-был я. Однажды я, как обычно, стоял за прилавком своего магазинчика. За окном светило солнце. Под потолком жужжала муха. Все было как всегда. Вдруг дверь отворилась, и в магазин вошёл странный посетитель. Вернее, когда он вошёл, он не был ещё странным. Странным он стал, когда заговорил.

– Я хочу купить сердце, – сказал он.

– Это вам надо пройти в соседний магазин, – посоветовал я. – Мы игрушек не продаём.

– Вы меня не поняли, – мягко возразил странный посетитель. – Я хочу купить настоящее, живое сердце.

– Извините, – ответил я, – но мы таким товаром не торгуем.

– Я хорошо заплачу, – настаивал незнакомец, вытаскивая из кармана толстую пачку денег.

– Но у меня в магазине нет живых сердец, – воскликнул я. – Вы можете купить пишущую машинку, телевизор, наконец коробку спичек.

– Нет, – твёрдо сказал странный посетитель. – Мне надо сердце. Ваше сердце.

– Моё? – открыл я от изумления рот.

– Ваше, ваше, – спокойно покивал он головой.

– Тогда вы напрасно пришли, – сказал я. – Своё сердце я не продам.

WALERIJ RONSCHIN

Wie ich eine Fliege wurde

Es war einmal – ich. Eines Tages stand ich wie gewöhnlich an der Theke meines kleinen Ladens. Draußen schien die Sonne. Unter der Decke summte eine Fliege. Alles war wie immer. Plötzlich öffnete sich die Tür, und ein seltsamer Besucher betrat den Laden. Genauer gesagt, als er eintrat, war er noch nicht seltsam. Er wurde seltsam, als er zu sprechen begann.

»Ich will ein Herz kaufen«, sagte er.

»Da müssen Sie in den Laden nebenan gehen«, riet ich. »Wir verkaufen keine Spielsachen.«

»Sie haben mich nicht verstanden«, wandte der seltsame Besucher sanft ein. »Ich will ein echtes lebendiges Herz kaufen.«

»Entschuldigen Sie«, antwortete ich, »aber das führen wir nicht.«

»Ich bezahle gut«, beharrte der Unbekannte und zog aus der Hosentasche ein dickes Bündel Geld.

»Aber ich habe keine lebendigen Herzen im Laden«, rief ich aus. »Sie können eine Schreibmaschine kaufen, einen Fernseher oder auch eine Streichholzschachtel.«

»Nein«, sagte der seltsame Besucher unbeirrt. »Ich brauche ein Herz. Ihr Herz.«

»Meines?« Mir blieb vor Verwunderung der Mund offen stehen.

»Ihres, Ihres«, er nickte gelassen vor sich hin.

»Dann sind Sie umsonst gekommen«, sagte ich. »Mein Herz werde ich nicht verkaufen.«

– Я понимаю, – произнёс незнакомец. – Задёшево не продадите. А задорого?

И он вытащил из кармана ещё одну пачку денег. В три раза толще первой.

Я задумчиво поглядел на деньги, лежащие на прилавке.

– Но как же я буду жить без сердца? – неуверенно сказал я. – Это же невозможно.

– Возможно, – не согласился со мной незнакомец. – Многие так живут.

И он протянул ко мне руки в чёрных перчатках. Его пальцы вошли в мою грудь как в воду. И уже через секунду на его ладонях лежало красное сердце. Странный посетитель достал из кармана грязный полиэтиленовый пакет, расправил и небрежно бросил в него моё трепещущее сердце.

– До свидания, – значительно произнёс он и скрылся за дверью.

В груди у меня стало легко и свободно. Я кинулся пересчитывать деньги.

На другой день незнакомец пришёл снова.

– Что, – спросил я у него, – хотите купить ещё одно сердце? К сожалению, у меня больше нет.

– Зато у вас есть мозг, – с неприятной ухмылкой произнёс он.

Я непроизвольно потрогал свою голову.

– Мозг, – прошептал я неуверенно. – Но чем же я буду думать?

– А зачем вам думать? – спросил незнакомец.

– Сколько? – деловито поинтересовался я.

– Не беспокойтесь, много, – сказал он, доставая

»Ich verstehe«, sagte der Unbekannte. »Billig werden Sie es nicht verkaufen. Aber teuer?«

Und er zog aus der Tasche noch ein Bündel Geldnoten. Dreimal dicker als das erste.

Ich schaute nachdenklich das Geld an, das auf der Theke lag.

»Aber wie soll ich denn ohne Herz leben?«, sagte ich unsicher. »Das ist doch unmöglich.«

»Doch, das ist möglich«, widersprach der Unbekannte. »Viele leben so.«

Und er streckte mir seine Hände in schwarzen Handschuhen entgegen. Seine Finger tauchten in meine Brust wie in Wasser ein. Eine Sekunde später lag auf seinen Handflächen ein rotes Herz. Der merkwürdige Besucher holte aus seiner Hosentasche eine schmutzige Plastiktüte, faltete sie auseinander und ließ mein zuckendes Herz nachlässig hineinfallen.

»Auf Wiedersehen«, sagte er bedeutsam und verschwand hinter der Tür.

Mir wurde es leicht und frei in der Brust. Ich warf mich auf das Geld, um es nachzuzählen.

Am nächsten Tag kam der Unbekannte wieder.

»Was denn«, fragte ich ihn, »wollen Sie noch ein Herz kaufen? Leider habe ich keines mehr.«

»Dafür haben Sie ein Gehirn«, sagte er mit einem unangenehmen Schmunzeln.

Ich berührte unwillkürlich meinen Kopf.

»Das Gehirn?«, flüsterte ich unsicher. »Aber womit werde ich denn denken?«

»Wieso müssen Sie denken?«, fragte der Unbekannte.

»Wieviel?«, interessierte ich mich sachlich.

»Machen Sie sich keine Sorgen, viel«, sagte er und holte

из кармана три толстых пачки. Потом погрузил свои руки мне в голову и вытащил мозг.

С минуту мы его разглядывали. Честно сказать, извилин было не так уж много. Достав грязный полиэтиленовый пакет, странный покупатель бросил туда мой мозг и удалился.

Я тут же пересчитал все денежки. Их действительно оказалось очень много. Теперь не только в груди, но и в голове стало легко и свободно.

На третий день я уже ждал таинственного незнакомца. И он не обманул моих ожиданий. Явился.

– Здравствуйте, – сказал он. – Как поживаете?

– Прекрасно, – ответил я. – Больше никакая ерунда в голову не лезет. А вы хотите ещё что-нибудь купить? – с надеждой поинтересовался я.

– Правую ногу, – коротко бросил незнакомец.

У меня от удивления отвисла челюсть.

– А я что же, буду на одной ноге прыгать?

– Зачем вам прыгать, – пожал он плечами. – Стойте на одном месте.

Странный покупатель уже доставал из бумажника деньги.

– Вы и мёртвого уговорите, – сказал я и, махнув рукой, добавил:

– А, гулять так гулять!! Берите обе ноги!!..

Короче, в скором времени, я продал ему всё: руки, ноги, туловище, печёнку, селезёнку и даже мочевой пузырь... Непроданной оказалась только голова без мозгов, лежащая на прилавке. Ну, с ней

aus der Hosentasche drei dicke Geldbündel. Dann tauchte er seine Hände in meinen Kopf ein und zog mein Gehirn heraus.

Einen Augenblick lang schauten wir es an. Ehrlich gesagt, hatte es gar nicht so viele Windungen. Der seltsame Käufer holte eine schmutzige Plastiktüte hervor, ließ mein Gehirn hineinfallen und entfernte sich.

Ich zählte gleich das ganze Geld nach. Es war wirklich sehr viel. Jetzt wurde es mir nicht nur in der Brust, sondern auch im Kopf leicht und frei zumute.

Am dritten Tag wartete ich schon auf den geheimnisvollen Unbekannten. Und er enttäuschte meine Erwartungen nicht. Er erschien.

»Guten Tag«, sagte er. »Wie geht es Ihnen?«

»Ausgezeichnet«, antwortete ich. »Jetzt macht mir nichts mehr schlaflose Nächte. Wollen Sie noch etwas kaufen?«, fragte ich hoffnungsvoll.

»Das rechte Bein«, meinte der Unbekannte kurz.

Mir hing vor Erstauen der Kiefer herunter.

»Soll ich denn auf einem Bein herumhüpfen?«

»Wozu müssen Sie hüpfen?«, sagte er schmunzelnd. »Bleiben Sie an einem Ort stehen.«

Der seltsame Käufer holte schon das Geld aus einer Brieftasche hervor.

»Sie würden selbst einen Toten überreden«, sagte ich und fügte hinzu:
»Ach, wenn schon, denn schon!! Nehmen Sie beide Beine!! ...«

Kurz gesagt, bald hatte ich ihm alles verkauft: die Arme, die Beine, den Oberkörper, die Leber, die Milz und selbst die Blase ... Unverkauft blieb nur der hirnlose Kopf, der auf der Theke lag. Mit dem Kopf redete er erst gar nicht, son-

он даже и разговаривать не стал, просто кинул в грязный полиэтиленовый пакет у ушёл.

В магазине осталась одна лишь душа.

Каково же было моё удивление, когда странный человек на следующий день явился вновь.

– Вы хотите купить душу? – спросил я.

– Зачем мне ваша душа? – презрительно скривился он. – Дайте лучше коробок спичек.

– Чем же я вам его дам? – удивился я. – Руки вы у меня ещё на прошлой неделе купили. Берите уж сами.

Незнакомец взял спички и неторопливо закурил.

– Хотите стать мухой? – неожиданно предложил он.

– Мухой? – переспросил я.

– Ну да, – кивнул странный человек. – Будете тут летать вокруг лампочки. Жужжать. Ну-ка, пожужжите немного.

– Жжжжжжж, – пожужжал я.

– Вот видите, как у вас хорошо получается, – небрежно похвалил он меня.

Так я стал мухой.

dern warf ihn einfach in eine schmutzige Plastiktüte und ging.

Im Laden blieb nur die Seele.

Groß war daher meine Verwunderung, als der seltsame Mensch am nächsten Tag erneut erschien.

»Wollen Sie meine Seele kaufen?«, fragte ich.

»Was soll ich mit Ihrer Seele?« Er verzog verächtlich den Mund. »Geben Sie mir lieber eine Schachtel Streichhölzer.«

»Womit soll ich sie Ihnen geben?«, wunderte ich mich. »Die Hände haben Sie mir schon letzte Woche abgekauft. Nehmen Sie sie nur selbst.«

Der Unbekannte nahm die Streichhölzer und zündete sich in aller Ruhe eine Zigarette an.

»Wollen Sie eine Fliege werden?«, schlug er unversehens vor.

»Eine Fliege?«, fragte ich nach.

Der seltsame Mensch nickte. »Hier um die Lampe werden Sie fliegen. Summen. Na summen Sie doch mal.«

»Ssssss«, summte ich.

»Sehen Sie, wie gut Sie das können«, lobte er mich leichthin.

So wurde ich eine Fliege.

Диалоги у прилавка

– А вот за десять рублей – это что?
– Это?
– Да. Что это такое?
– Не знаю, вчера завезли.
– Кочерга, что ли?
– Не знаю. Может быть.
– Вряд ли. Наверное, ветки обрезать.
– Не знаю. Может быть.
– Или кочерга?
– Не знаю. А вам что нужно?
– Я сам не знаю. Мне всё нужно, но всё дорого, а тут смотрю – божеская цена. Может, это грабли… с одним зубом?
– Не могу сказать, вчера завезли.
– Или это шторы поправлять?
– Не в курсе совсем.
– Или кочерга?
– Не знаю.
– Три штуки выпишите.

Через пять минут с другим покупателем.

– Простите, это что у вас за тысячу триста?
– А вы не видите?.. Это «Универсал-2000» –

ANATOLIJ TRUSCHKIN

Gespräche am Ladentisch

»Was ist das da für zehn Rubel?«

»Das da?«

»Ja. Was ist das?«

»Ich weiß es nicht, das ist gestern hereingekommen.«

»Ein Feuerhaken, was?«

»Ich weiß es nicht. Kann sein.«

»Wohl doch nicht. Wahrscheinlich ist das zum Zweige abschneiden.«

»Ich weiß es nicht. Kann sein.«

»Oder doch ein Feuerhaken?«

»Ich weiß es nicht. Und was suchen Sie?«

»Ich weiß es selbst nicht. Ich brauche alles Mögliche, aber alles ist zu teuer, und da sehe ich einen vernünftigen Preis. Könnte das ein Rechen sein … mit einem Zahn?«

»Ich kann es Ihnen nicht sagen, das ist gestern hereingekommen.«

»Oder rückt man damit Vorhänge zurecht?«

»Ich bin ganz und gar nicht im Bilde.«

»Oder ein Feuerhaken?«

»Ich weiß es nicht.«

»Ich nehme drei davon.«

Fünf Minuten später mit einem anderen Kunden.

»Verzeihen Sie, was haben Sie da für eintausenddreihundert?«

»Sehen Sie das denn nicht? … Das ist ein ›Universal-

кочерга обрезать ветки и грабли поправлять шторы.

– Скажите, пожалуйста, а что вот эта вот шуба ...
– Вы поинтересоваться или купить?
– А что, я не похож на человека, который может купить?.. Я что!! Не похож на человека, который может купить!!?
– Какая шуба?
– Вот эта!
– Вот эта за четыреста тысяч?
– Нет, левее.
– Эта?.. За триста тысяч?
– Я же сказал: левее.
– Левее – это пальто.
– А я что сказал?
– Вы сказали: шуба.
– Я сказал: левее.
– Левее – пальто, двести тысяч.
– Ещё левее.
– За сто?.. Или ещё левее?
– Левее.
– Левее нету ничего.
– Да вот же, вот же – левее.
– Это плащ!
– Да не этот, идиот! Левее!
– Этот за десять тысяч?
– Да. Дошло наконец?
– Это рабочий халат.
– Я вижу. На меху он?
– Нет.
– Тогда не надо.

2000‹ – ein Feuerhaken zum Abschneiden von Zweigen und ein Rechen zum Zurechtrücken von Vorhängen.«

»Sagen Sie, bitte, was ist das da für ein Pelzmantel?«
»Wollen Sie sich nur umschauen oder wollen Sie kaufen?«
»Was, sehe ich etwa nicht aus wie einer, der kaufen kann? Für wen halten Sie mich!! Sehe ich etwa nicht aus wie einer, der kaufen kann!!?«
»Welcher Pelzmantel?«
»Der da!«
»Der da für vierhunderttausend?«
»Nein, weiter links.«
»Der da?… Für dreihunderttausend?«
»Ich habe doch gesagt: weiter links.«
»Der noch weiter links ist ein Mantel.«
»Was habe ich gesagt?«
»Sie haben ›Pelzmantel‹ gesagt.«
»Ich habe ›weiter links‹ gesagt.«
»Weiter links ist ein Mantel, zweihunderttausend.«
»Noch weiter links.«
»Für hunderttausend?… Oder noch weiter links?«
»Noch weiter links.«
»Weiter ist da nichts mehr.«
»Aber doch, da, da – weiter links.«
»Das ist ein Regenmantel!«
»Nicht der da, Sie Idiot! Weiter links!«
»Der für zehntausend?«
»Ja. Haben Sie jetzt kapiert?«
»Das ist ein Arbeitskittel.«
»Das sehe ich. Ist er pelzgefüttert?«
»Nein.«
»Den kann ich nicht brauchen.«

Киллер

Антон Кошкин работал в мафии киллером. Работу любил и ни от кого не скрывал своей профессии. Никто и не удивлялся, когда узнавал: ну киллер и киллер. Это раньше, когда их мало было, бабки у подъезда пальцами в спину тыкали: «Глянь, убивец пошёл». Нынче народ попривык: менеджеры-брокеры, дилеры-киллеры – все работы хороши…

Сидел как-то Антон у окна, инструмент с оптическим прицелом смазывал и заказов ждал, как звонок в дверь.

Глянул Кошкин в глазок и обомлел – участковый собственной персоной.

Открыл дверь, а у самого руки ходуном – вчера выходил выбрасывать мусор, контейнер переполнен, он и вывалил ведро прямо на газончик…

– Вы по поводу мусора? – решил сразу расколоться Антон. – Так я не виноват…

– Нет, я по другому поводу, – зловеще сузил глаза участковый. – Вы кем работаете?

– Киллером, – пожал плечами Антон, – в мафии, лунцевская бригада.

ANDREJ TUMANOW

Killer

Anton Koschkin arbeitete als Killer in der Mafia. Seine Arbeit liebte er und verheimlichte niemandem seinen Beruf. Auch wunderte sich niemand, wenn er davon erfuhr: Er ist halt ein Killer und fertig. Das war früher, als es von denen noch wenige gab, da zeigten die alten Tanten, die im Hauseingang hockten, von hinten mit dem Finger – »Kuck mal, da geht ein Totmacher.« Heute haben sich die Leute daran gewöhnt: Manager, Broker, Dealer und Killer – alle Arbeit ist gut …

Eines Tages saß Anton am Fenster, ölte sein Werkzeug mit optischem Rohr und wartete auf Aufträge, als es an der Tür klingelte.

Koschkin spähte durch den Spion und erstarrte – der Reviermilizionär in eigener Person.

Er öffnete die Tür mit bebenden Händen – gestern war er nach draußen gegangen, um den Müll fortzuwerfen, der Container war überfüllt gewesen und er hatte den Eimer direkt auf den Rasen gekippt …

»Sie kommen in Angelegenheit des Mülls?« Anton beschloss gleich mit der Sprache herauszurücken. »Da kann ich nichts dafür …«

»Nein, in einer anderen Angelegenheit.« Der Reviermilizionär kniff unheildrohend die Augen zusammen. »Als was arbeiten Sie?«

»Als Killer«, Anton zuckte mit den Schultern, »in der Mafia, Lunzewo-Brigade.«

– А запись в трудовой книжке имеется? – перебил участковый.

Антон растерялся:

– Нет, записи и самой книжки тоже нету, только вот это, – он показал грудь, на которой была наколота русалка, держащая винтовку, с крестиками вокруг.

– Ты мне свою липу не суй, – разозлился участковый. – Документа с печатью нет, значит, ты безработный, а по-старому – тунеядец. Ты не думай, что раз статью отменили, управы на тебя не будет, все тунеядцы у меня под колпаком, если чего в районе случилось, сразу за ушко к нам и доказывай потом, что ни при чём. Вчера витрину в коммерческом киоске камнем разбили. Вот где ты был с 23 до 24, есть алиби?

Антон облегчённо вздохнул.

– Конечно, есть – я вчера в это время директора Шанкрбанка (помните рекламу «самый твёрдый банк») замочил. Сегодня «Новости» смотрели? Там мои приметы передавали.

Участковый профессиональным взглядом оглядел Антона.

– Ну что ж, похож, ладно, на этот раз, считай, отвертелся. – И потом уже примирительно добавил:

– Ты пойми, депутат от нашего округа натрепал, что искоренит безработицу в районе, а теперь отчитываться надо, вот он волну и поднял: бороться с безработицей, вплоть до привлечения, так что

»Ist das ins Arbeitsbuch eingetragen?«, unterbrach ihn der Milizionär.

Anton wurde verlegen:

»Nein, den Eintrag und auch das Buch selber habe ich nicht, nur das da.« Er zeigte seine Brust mit einer eintätowierten Nixe, die ein Gewehr hielt mit Kreuzchen drumherum.

»Versuch nur ja nicht, mir dein Geschmier da unterzujubeln.« Der Reviermilizionär wurde wütend. »Ein Dokument mit Stempel hast du keins, also bist du arbeitslos, und vor der Perestrojka hieß das Schmarotzer. Du musst nicht denken, nur weil das Gesetz abgeschafft wurde, können wir dich nicht kleinkriegen, ich hab alle Drückeberger im Griff; wenn im Revier was passiert, pack ich dich gleich am Öhrchen, und wie willst du mir dann beweisen, du hättest damit nichts zu tun. Gestern wurde in einem privaten Kiosk eine Vitrine mit einem Stein eingeschlagen. Wo warst du von 23 bis 24 Uhr? Hast du ein Alibi?«

Anton atmete erleichtert auf.

»Klar hab ich eins, gestern habe ich um diese Zeit den Direktor der Schankerbank (kennen Sie noch die Reklame »die härteste Bank«) nass gemacht. Haben Sie heute die Nachrichten gesehen? Die haben mein Suchbild übertragen.«

Der Reviermilizionär schaute sich Anton mit professionellem Blick von oben bis unten an.

»Na ja, du siehst ungefähr so aus, meinetwegen; für dies Mal kommst du davon.« Dann fügte er versöhnlich hinzu:

»Verstehst du, unser Bezirksabgeordneter hatte geschwatzt, dass er die Arbeitslosigkeit im Bezirk ausrotten werde, und jetzt muss er dafür gradestehen, und darum hat er einen Riesenwirbel losgelassen: Kampf der Arbeitslosigkeit bis hin zum Gerichtsverfahren, also kannst du schwarz-

халтурить можешь где угодно, а на официальную работу устройся. В общем, давай, принесёшь трудовую с печатью – я от тебя отстану…

«Строг», – подумал Антон, закрыв дверь, – «и впрямь затаскает, а мне в ментовке светиться не резон, всех клиентов распугают. Делать нечего, придётся устраиваться».

Он повесил винтовку на вешалку, надел золотую цепь и погнал свой «мерс» на биржу труда.

Впервые в жизни Антон честно отстоял очередь в окружении косящихся на него очкастых инженеров-оборванцев.

Наконец старичок-биржевик усадил его на драный стул.

– Значит, безработный, – посочувствовал он Антону, внимательно разглядывая брильянтовый перстень на его пальце. – Профессия хоть есть?

– Есть, – кивнул Антон, – я киллер высшего разряда.

– «Киллер», – старичок покопался в картотеке, – у меня в реестре такой профессии нет, объясни по-русски, что делать умеешь.

– Стрелять могу.

– Стрелять-стрелять, – старичок снова закопался в картотеке, – вот, считай, повезло – нужен стрелок в ВОХРу на гранатно-патронную фабрику.

– Оружие своё брать или там дадут? – угрюмо осведомился Антон.

– Да нет, никакого оружия не положено, свисток

arbeiten, so viel du willst, aber du musst eine offizielle Arbeit nachweisen können. Also machen wir es so, du bringst mir das Buch mit dem Stempel und bist mich los ...«

»Mensch, ist der scharf«, dachte Anton und schloss die Tür, »der schleppt mich noch durch die ganze Tretmühle, aber für mich lohnt sich's ja nicht, bei der Schmiere aufzutauchen, die verscheuchen mir noch alle Kunden. Mir bleibt nichts anderes übrig, ich muss Arbeit finden.«

Er hing das Gewehr an den Kleiderhaken, legte sich eine goldene Kette um und jagte seinen »Benz« Richtung Arbeitsamt.

Zum ersten Mal in seinem Leben wartete Anton ehrlich in der Schlange, umgeben von halbzerlumpten Ingenieuren, die ihn aus bebrillten Augenwinkeln anblickten.

Endlich plazierte ihn das Alterchen vom Arbeitsamt auf einen verschlissenen Stuhl.

»Also arbeitslos«, meinte er teilnahmsvoll und betrachtete eingehend den Brillantring an Antons Finger. »Haben Sie wenigstens einen Beruf?«

»Doch«, Anton nickte, »ich bin Killer. Erste Leistungsklasse.«

»Killer«, der Alte kramte in der Kartei nach. »Diesen Beruf habe ich in meinem Register nicht, erklär mir auf Russisch, was du tun kannst.«

»Schießen kann ich.«

»Schießen, schießen«, das Alterchen vergrub sich erneut in die Kartei, »da, schau, du hast Glück – im BB, Bewaffneten Betriebsschutz, brauchen sie einen ›Schützen‹ für eine Granaten-Patronen-Fabrik.«

»Soll ich die eigene Waffe mitnehmen oder kriege ich eine?«, erkundigte sich Anton verdrießlich.

»Nein, Waffen sind da unerwünscht, man gibt dir eine

дадут, увидел несуна – свисти. А оружие ни-ни, у них и так текучесть кадров высокая.

– Не, не пойдёт, мне надо по специальности, да и свистеть я не могу, – соврал Антон. – Может, снайпер кому нужен, я бы снайпером пошёл, у меня оптика цейсовская.

– Ладно, введём тебя в картотеку, может, какой заказчик на снайпера найдётся, – успокоил старичок, заполняя карточку.

Через неделю Антону перезвонили и пригласили на собеседование в консерваторию. Старший менеджер в красном пиджаке и с серьгой в ухе усадил Антона в кожаное кресло.

– Значит, вы снайпер?

– Вообще-то я киллер, – уточнил Антон, – а снайпером подрабатываю.

– Это хорошо. Мы говорим киллер – подразумеваем снайпер, – сострил красный пиджак. – У нас в консерватории ночные дискотеки проводятся, так вот под утро, когда они заканчиваются, нам и нужен снайпер.

– Припозднившихся, что ли, отстреливать? – не понял Антон.

– Да нет, дело в том, что у нас в программу дискотеки входит выпускание воздушных шариков. Так под утро весь потолок в этих самых шариках, лестницей до них не достать, а директор требует к дневным концертам потолок очистить. Работа тон-

Pfeife, du siehst einen, der klaut, und – pfeifst! Aber ein Gewehr – bloß das nicht, die haben auch so schon eine hohe Kaderfluktuation.«

»Geht nicht, ich brauche was in meiner Fachrichtung, pfeifen kann ich auch nicht«, log Anton. »Vielleicht könnte einer einen Scharfschützen brauchen, ich würde als Scharfschütze gehen, habe eine Optik, Zeiss.«

»Einverstanden, wir nehmen dich in die Kartei auf; kann sein, ein Auftraggeber für einen Scharfschützen meldet sich«, beruhigte ihn das Alterchen und füllte die Karteikarte aus.

Eine Woche später wurde Anton angerufen, man lud ihn zu einem Vorstellungsgespräch ins Konservatorium. Der Chefmanager in rotem Jackett und mit Ohrring bat Anton in einem Ledersessel Platz zu nehmen.

»Sie sind also ein Scharfschütze?«

»Eigentlich bin ich Killer«, präzisierte Anton, »als Scharfschütze verdiene ich nur dazu.«

»Das ist gut. Wir sagen Killer und meinen Scharfschütze«[1], witzelte das rote Jackett. »Bei uns im Konservatorium finden Diskotheken statt, darum, wenn wir am Morgen schließen, brauchen wir einen Scharfschützen.«

»Die Überhockenden oder was abschießen?« Anton verstand nicht.

»Aber nein, es geht darum, dass bei uns im Disko-Programm Luftballons losgelassen werden. Gegen Morgen ist also die ganze Decke voll von den Dingsda, mit einer Leiter kommt man nicht an sie ran, der Direktor aber verlangt, dass die Decke für die Tageskonzerte geräumt wird. Das ist

1 »Wir sagen ›Lenin‹ und meinen ›Partei‹!«
»Wir sagen ›Partei‹ und meinen ›Lenin‹! …« (W. Majakowskij)

кая – главное, светильники не побить. Оружие дадим, духовушку, правда, но импортную …

Теперь каждое утро Антон, почистив ботинки и казённую винтовку, выходит из подъезда. «Наш-то на работу в консерваторию пошёл», – шепчутся у подъезда бабульки. Участковый при встрече за руку здоровается и всякий раз осведомляется, нельзя ли пристроить к храму искусств пару неприкаянных гопников. Ребята из лунцевской бригады завидуют немного – давно ль вместе банкиров гоняли, а теперь гляди ж ты, в натуре, интеллигенция… Вот только пахан ворчит немного: баловство это – по воздушным шарикам из духовушки шмалять, эх, молодёжь нынче …

eine Präzisionsarbeit – Hauptsache, die Leuchten gehen nicht kaputt. Eine Waffe kriegst du, zwar ein Luftgewehr, aber ein importiertes …«

Jetzt geht Anton jeden Morgen, nachdem er die Schuhe und die Arbeitsflinte geputzt hat, aus dem Haus. »Kuck mal da, unser Bursche geht zur Arbeit ins Konservatorium«, tuscheln die Omaleins im Hauseingang. Der Reviermilizionär begrüßt ihn mit Handschlag und erkundigt sich jedes Mal, ob es möglich wäre, ein paar herumsitzende Schlingel im Tempel der Künste unterzubringen. Die Jungs aus der Lunzewo-Brigade sind etwas neidisch – vor kurzem hat man noch zusammen Bankiers gejagt, und jetzt – sieh mal einer an, Intelligenz-z-zija, von wegen … Nur der Pate knurrt: »Eine Kinderei ist das, Luftballons mit dem Luftgewehr abzuknallen, Mensch, die Jugend von heute …«

АЛЕКСАНДР ХОРТ

Реставрация фасада

После отпуска директор отшибановского музея-усадьбы Анатолий Петрович Кепкин возвращался на работу в хорошем расположении духа. Приподнятое настроение не покидало его целый месяц. Перед самым отъездом в Прибалтику, в последний рабочий день, Кепкина осенила отличная идея, осуществление которой поправит положение дел в музее. И этой замечательной своей выдумке Анатолий Петрович радовался, словно ребёнок.

Хотя день тот, помнится, начался неудачно. Утром секретарша Люся передала ему письмо из главка, в котором сообщалось, что требуемую сумму на реставрацию фасада отшибановскому музею выделить не могут. Анатолий Петрович ужасно расстроился. Встал, побродил по кабинету, машинально включив телевизор, подошёл к раскрытому окну и с высоты второго этажа обвёл взглядом вверенное ему хозяйство. Грустная картина открылась его глазам.

Расположенное полукругом здание усадьбы пребывало в плачевном состоянии. Из окна своего кабинета, находившегося в правом крыле, Анатолий Петрович видел разбросанные по фасаду пятна плесени, ржавые потёки, кое-где отвалилась штукатурка, из-под которой кокетливо красовалась дранка. Неказисто выглядел и облупившийся фон-

ALEXANDER CHORT

Fassadenrenovation

Nach dem Urlaub kehrte der Direktor des abgelegenen Landgutmuseums Otschibanowo Anatolij Petrowitsch Kepkin gut gelaunt zur Arbeit zurück. Während eines ganzen Monats verließ ihn seine gehobene Stimmung nicht. Kurz vor seiner Abreise ins Baltikum, am letzten Arbeitstag, war Kepkin eine ausgezeichnete Idee eingefallen, deren Verwirklichung die Lage der Dinge im Museum ins Lot bringen würde. Über diesen bemerkenswerten Einfall freute sich Anatolij Petrowitsch wie ein Kind.

Obwohl jener Tag, wie wir uns erinnern, ungünstig begann. Morgens übergab ihm seine Sekretärin Ljussja einen Brief des Bezirksvorstandes, in dem mitgeteilt wurde, dass die zur Renovierung der Fassade des Museums notwendige Summe nicht zugeteilt werden könne. Anatolij Petrowitsch war am Boden zerstört. Er stand auf, ging im Arbeitszimmer auf und ab, schaltete unwillkürlich den Fernseher ein, ging zum geöffneten Fenster und warf aus der Höhe des zweiten Stocks einen Blick auf den ihm anvertrauten Betrieb. Seinen Augen bot sich ein trauriges Bild.

Das in einem Halbkreis angelegte Gebäude des Landguts befand sich in einem jämmerlichen Zustand. Aus dem Fenster seines Büros, welches sich im rechten Flügel befand, sah Anatolij Petrowitsch die über die Fassade verteilten Schimmelflecken und die rostroten Spuren des herunterlaufenden Regenwassers. An manchen Stellen fiel der Putz ab, unter dem sich das Splittholz kokett zur Schau stellte. Unansehnlich sah auch der abbröckelnde Brunnen

тан перед зданием, возле которого шваркал метлой дворник Егорыч. Одет дворник был в мятые брюки, засаленную ковбойку, продранную на локтях, и всем своим видом отлично гармонировал с неряшливой облицовкой музея.

Тем временем телевизор нагрелся, и Анатолий Петрович услышал голос ведущего «Клуба путешественников», который рассказывал об Италии. «А это – знаменитый римский фонтан Треви, – говорил ведущий и продолжал: – Существует поверье, что тот из туристов, кто бросит в него монетку, снова вернётся в вечный город ...»

Вот тут-то и осенила она его – эта идея. Анатолий Петрович попросил Люсю срочно разыскать экскурсовода Игумнова. Это был единственный мужчина в экскурсионном отделе, и директор подумал, что именно ему лучше всего доверить новаторский замысел.

– Опять, Сергей Алексеевич, главк не выделил нам нужную сумму на реставрацию фасада, – горестно вздохнув, сказал директор Игумнову. – Но я вот что придумал. Вы, когда будете водить по территории экскурсии, говорите всем, что существует поверье, мол, кто бросит в этот фонтан монетку, тот снова вернётся в наш город. Вечерами, после закрытия, Егорыч будет собирать из фонтана деньги, и мы пустим их на реставрацию.

Предложение директора явно пришлось Сергею Алексеевичу по душе, и вот сейчас, выйдя после отпуска на работу, Кепкин нетерпеливо ждал появле-

vor dem Gebäude aus, neben dem der Hauswart Jegorytsch mit dem Besen hantierte. Der Hauswart trug zerknitterte Hosen, ein mit Fettflecken bedecktes kariertes Hemd, das an den Ellbogen abgescheuert war, und durch sein ganzes Aussehen harmonierte er ausgezeichnet mit der verkommenen Fassade des Museums.

Unterdessen war der Fernseher warm geworden, und Anatolij Petrowitsch vernahm die Stimme des »Reiseklubleiters«, der von Italien erzählte. »Das ist der berühmte Trevi-Brunnen in Rom«, sagte der Leiter und fuhr fort: »Einem Volksglauben zufolge wird jeder Tourist, der ein Geldstück hineinwirft, eines Tages wieder in die ewige Stadt zurückkehren ...«

Und eben da fiel sie ihm ein – diese Idee. Anatolij Petrowitsch bat Ljussja, den Exkursionsleiter Igumnow schnell ausfindig zu machen. Er war der einzige Mann in der Exkursionsabteilung und der Direktor dachte, das Allerbeste sei es, gerade ihm den Plan seines Vorhabens zur Erneuerung anzuvertrauen.

»Sergej Aleksejewitsch, der Bezirksvorstand hat uns die zur Renovierung der Fassade notwendige Summe wieder nicht zugeteilt«, sagte der Direktor voller Kummer seufzend zu Igumnow. »Aber ich habe mir das Folgende ausgedacht. Wenn Sie die Touristen durchs Gelände führen, sagen Sie allen, dass einem Volksglauben zufolge, wie es heißt, jeder, der in diesen Brunnen ein Geldstück wirft, eines Tages in unsere Stadt zurückkehren wird. Abends nach Torschluss wird Jegorytsch das Geld aus dem Brunnen sammeln und wir verwenden es für die Renovierung.«

Der Vorschlag des Direktors sagte Sergej Aleksejewitsch offenkundig sehr zu und jetzt, als er nach dem Urlaub zur Arbeit kam, wartete Kepkin ungeduldig auf seinen Gesin-

ния своего единомышленника. Интересно, какой суммой располагает музей для реставрации?!

Когда Игумнов вошёл в кабинет, директор его сначала не узнал. Он привык, что Сергей Алексеевич постоянно ходит на работу в сером, чуть мешковато сидящем на нём костюме и голубой рубашке с расстёгнутым воротом. А сейчас перед ним появился эдакий франт в роскошном светлом костюме-тройке, прекрасной рубашке с планкой. Лицо его закрывали импортные очки с дымчатыми стёклами.

– Ну, как наши дела, Сергей Алексеевич? – приветливо спросил директор. – Сколько денег мы наскребли на реставрацию?

– Нисколько не наскребли, – равнодушно ответил экскурсовод.

– Как же так?! – опешил Кепкин. – Неужели не набралась какая-нибудь сумма? Ведь вы целый месяц предлагаете экскурсантам бросать в фонтан монетки.

– Мало ли что я предлагаю! А никто не бросает.

– Неужели никто?

– Ни одна душа. Не верите мне – спросите у дворника. Он подтвердит.

Встав из-за стола, директор подошёл к раскрытому окну. Возле фонтана шваркал метлой дворник Егорыч. Дворник был в отличных джинсах, модных полусапожках на каблучке, кожаном пиджаке и рубашке с галстуком. Всем своим видом он ужасно диссонировал с неряшливой облицовкой музея.

nungsgenossen. Er war neugierig, über welche Summe das Museum zur Renovierung verfügen würde.

Als Igumnow das Büro betrat, erkannte ihn der Direktor zuerst nicht. Er war es gewohnt, dass Sergej Aleksejewitsch dauernd in derselben Kleidung zur Arbeit kam: einem grauen Anzug, der in seinem Sitz ein bisschen an einen Sack erinnerte, und einem blauen Hemd mit weit aufgeknöpftem Kragen. Und jetzt erschien vor ihm ein Stutzer in einem prachtvollen hellen Dreiteiler und einem ausgezeichneten Markenhemd. Sein Gesicht verschwand fast hinter der Import-Brille mit den getönten Gläsern.

»Nun, was gibt es Neues, Sergej Aleksejewitsch?«, fragte der Direktor freundlich. »Wie viel Geld haben wir für die Renovierung zusammengescharrt?«

»Gar keines«, antwortete der Exkursionsleiter teilnahmslos.

»Wie ist das möglich?«, fragte Kepkin verdutzt. »Ist denn gar nichts zusammengekommen? Sie ermuntern doch schon einen ganzen Monat die Touristen, Geldstücke in den Brunnen zu werfen.«

»Die kann ich lange ermuntern! Niemand wirft etwas hinein.«

»Niemand?«

»Keine Seele. Wenn Sie mir nicht glauben, fragen Sie den Hauswart. Er wird es bestätigen.«

Der Direktor erhob sich von seinem Schreibtisch und ging zum offenen Fenster. Neben dem Brunnen hantierte der Hauswart Jegorytsch mit dem Besen. Der Hauswart trug tadellose Jeans, modische Halbstiefel mit Absätzen, ein Jackett aus Leder und ein Hemd mit Krawatte. Sein ganzes Aussehen stand in schrecklicher Dissonanz zu der verkommenen Fassade des Museums.

– Егорыч, – слабым голосом произнёс директор, – бросали туристы в фонтан монеты?

– Нет, Анатолий Петрович, – подняв голову к окну, закричал денди с метлой. – Никто не бросал. Ни копейки.

«Ну, ничего, ничего, – постепенно успокаиваясь, думал директор после ухода Игумнова. – Видно, мне с ещё большей настойчивостью нужно просить у главка деньги на реставрацию. Ведь плохое состояние музея – одна из причин того, что туристов не тянет посетить ещё раз наш старинный город».

Долой мафию!

Лёжа на полу в неудобной позе, Юрий Аркадьевич заканчивал рисовать транспарант, когда из магазина вернулась жена.

– Что ты тут малюешь? – спросила она.

– Да вот ребята на работе поручили, – объяснил он. – Сегодня собираемся на митинг.

«Долой коррумпированную мафию!» – прочитала жена. – Красиво получилось… Только, когда пойдёшь, заверни в тряпку. Иначе Павел Константинович, он сейчас возле подъезда сидит, примет ещё, чего доброго, на свой счёт и обидится.

– Обязательно заверну, – согласился муж.

»Jegorytsch«, rief der Direktor mit schwacher Stimme, »haben die Touristen Münzen in den Brunnen geworfen?«

Der Dandy mit dem Besen drehte den Kopf zum Fenster und schrie: »Nein, Anatolij Petrowitsch, niemand hat etwas hineingeworfen. Keine einzige Kopeke.«

»Macht nichts, macht nichts«, beruhigte sich allmählich der Direktor, nachdem Igumnow weggegangen war. »Offensichtlich muss ich mit noch größerer Hartnäckigkeit beim Bezirksvorstand Geld für die Renovierung beantragen. Schließlich ist der schlechte Zustand des Museums einer der Gründe dafür, dass es die Touristen nicht verlockt, unsere altehrwürdige Stadt nochmals zu besuchen.«

Nieder mit der Mafia!

Unbequem auf dem Boden liegend malte Jurij Arkadjewitsch gerade ein Plakat zu Ende, als seine Frau vom Einkaufen zurückkam.

»Was kleckst du da?«, fragte sie.

»Die Jungs auf der Arbeit haben mich damit beauftragt«, erklärte er. »Wir wollen heute zu einem Meeting.«

»Nieder mit der korrumpierten Mafia«, las seine Frau. »Schön hast du das gemacht… Nur, wenn du gehst, dann wickle es in einen Lappen ein. Sonst bezieht das Pawel Konstantinowitsch – er sitzt jetzt neben dem Hauseingang – um Himmels willen noch auf sich und ist dann beleidigt.«

»Ja sicher werde ich es einwickeln«, nickte ihr Mann zustimmend.

– А отнесёшь плакат – сразу возвращайся домой. Я хочу, чтобы ты сегодня попылесосил.

– Как это – возвращайся?! – удивился Юрий Аркадьевич. – Я на целый день иду. Сначала демонстрация по городу, потом митинг.

– А этот лозунг кто понесёт?

– Сам и понесу. Лакеев у меня нету.

– Да ты что?! – Жена с квадратными от ужаса глазами рухнула на стул. – Ты соображаешь, что несёшь?!

– А что особенного?

– Вдруг этот призыв увидит Анна Григорьевна из книготорга?

– Ну и пусть смотрит.

– Обидится. Она нам пятитомник Пастернака обещала. Ты же сам хотел почитать «Доктора Живаго».

– Верно. – Юрий Аркадьевич почесал затылок.

– Или Володя из мебельного увидит тебя – обидится насмерть. А с этим упырём ссориться нельзя – он нам кухонный гарнитур обещал достать. И уж совсем беда, если ты попадёшься на глаза с таким призывом Борису Петровичу. Не видать нам тогда путёвок на август как своих ушей.

Лицо Юрия Аркадьевича с каждой секундой мрачнело. Жена же продолжала:

– В конце концов этот митинг могут транслировать по телевидению в другие города. Вдруг тебя увидят мои родители? Хорош зятёк, скажут. Приезжает раз в год по обещанию, письма пишет редко, а по телевизору нас критикует.

»Sobald du es hingebracht hast, kommst du sofort nach Hause. Ich will, dass du heute noch staubsaugst.«

»Wieso soll ich nach Hause?!«, wunderte sich Jurij Arkadjewitsch. »Ich bin weg für den ganzen Tag. Zuerst auf der Demo in der Stadt und dann auf dem Meeting.«

»Und wer wird dieses Transparent tragen?«

»Ich höchstpersönlich. Ich hab keinen Lakai.«

»Bist du total übergeschnappt?!« Seine Frau brach mit vor Schreck quadratischen Augen über einem Stuhl zusammen. »Begreifst du überhaupt, was du da redest?!«

»Was habe ich denn gesagt?«

»Plötzlich sieht Anna Grigorjewna aus der Buchhandlung diesen Aufruf?«

»Soll sie doch.«

»Die nimmt's uns übel. Sie hat uns den fünfbändigen Pasternak versprochen. Du wolltest doch selbst den ›Doktor Schiwago‹ lesen.«

»Richtig«. Jurij Arkadjewitsch kratzte sich kurz am Hinterkopf.

»Oder Wolodja aus dem Möbelladen sieht dich, der ist zu Tode beleidigt. Und mit diesem Blutsauger darf man sich nicht anlegen – er hat versprochen, uns eine Küchengarnitur zu besorgen. Und ganz schlimm, wenn du mit einem solchen Appell Boris Petrowitsch unter die Augen kommst. Dann können wir unsere Reise im August vergessen.«

Jurij Arkadjewitschs Gesicht verdüsterte sich mit jeder Sekunde. Seine Frau fuhr fort:

»Dieses Meeting kann schließlich vom Fernsehen auch in andere Städte übertragen werden. Plötzlich sehen dich meine Eltern? Ein tolles Schwiegersöhnchen haben wir, werden sie sagen. Besucht uns einmal im Jahr, wenn's hochkommt, schreibt kaum, aber am Fernsehen kritisiert er uns.«

– Только о своих родителях и думаешь, – огрызнулся Юрий Аркадьевич. – Мои увидят – тоже обидятся.

– Тем более. Так что давай полностью замазывай эти буквы. Я тебе сейчас баночку белил принесу, от ремонта остались…

Через час, дожёвывая на ходу бутерброд, Юрий Аркадьевич выбежал из подъезда и быстро направился к центру города. В руках у него красовался транспарант, на котором белым по чёрному было написано:
«Наша сила – в единстве!»

Дом проститутки Тумбочкиной

В городской совет народных депутатов от правления микрорайона «Пупки-2»

Уважаемые товарищи!

В нашем микрорайоне по адресу Дирижабельный тупик, дом 5 проживает кадровая проститутка Людмила Эдуардовна Тумбочкина, своей древнейшей профессией всячески позорящая гордое звание жителя микрорайона в частности и города в целом. Желая выразить своё отношение к аморальной деятельности гражданки Л. Э. Тумбочкиной, правление решило – в соответствии со старым русским обычаем – вымазать ворота её дома дёгтем. Про-

»Du denkst nur an deine Eltern«, gab Jurij Arkadjewitsch bissig zurück. »Wenn meine das sehen, sind sie auch beleidigt.«

»Siehst du, ein Grund mehr. Also, übertünch alle diese Buchstaben. Ich bringe dir gleich ein Döschen weißer Farbe, das vom Renovieren übrig ist…«

Eine Stunde später, den Rest eines Butterbrotes in den Mund schiebend, rannte Jurij Arkadjewitsch aus dem Hauseingang und begab sich eilig ins Stadtzentrum. In seinen Händen prangte ein Plakat, auf dem weiß auf schwarz geschrieben stand:

»Einheit ist unsere Stärke!«

Das Haus der Prostituierten Tumbotschkina

An die Stadtverwaltung vom Vorstand des Stadtbezirks »Pupki[1]-2«

Sehr geehrte Genossen!

In unserem Bezirk wohnt in der Luftschiffsackgasse 5 die Berufsprostituierte Ludmila Eduardowna Tumbotschkina, die mit ihrem ältesten Gewerbe den stolzen Namen eines Bewohners unseres Quartiers im Besonderen und der Stadt im Allgemeinen in Verruf bringt. Um seine Einstellung zu der amoralischen Tätigkeit der Bürgerin L. E. Tumbotschkina auszudrücken, hat der Vorstand beschlossen, einem alten russischen Brauch entsprechend das Tor zu ihrem Haus mit Teer verschmieren zu lassen. Wir ersuchen den

1 (plur.) Nabel.

сим горсовет разрешить проведение этого мероприятия, которое, безусловно, привлечёт внимание населения в целом и молодёжи в частности к негативным явлениям современной жизни.

В правление микрорайона

Уважаемые господа!

Получив ваше официальное письмо о помазании дёгтем ворот гражданки Л. Э. Тумбочкиной, исполком передал его на рассмотрение очередной сессии городского совета, которая состоится 5–20 апреля сего года.

Из протокола сессии городского совета

«Идя навстречу пожеланиям трудящихся микрорайона «Пупки-2», сессия подавляющим большинством (45 – «за», 43 – «против») санкционировала вымазывание ворот проститутки Л. Э. Тумбочкиной дёгтем».

Начальнику экономического управления от правления микрорайона

Уважаемый Рувим Иванович!

Убедительно просим Вас выделить для проведения воспитательной работы в нашем микрорайоне 16 (шестнадцать) кг дёгтя.

Stadtrat um Erlaubnis für diese Maßnahme, die zweifellos die Aufmerksamkeit der Bevölkerung im Allgemeinen und der Jugend im Besonderen auf die negativen Erscheinungen des modernen Lebens lenken wird.

An den Bezirksvorstand

Sehr geehrte Herren!

Das Exekutivkomitee hat ihren offiziellen Brief bezüglich der Beschmierung des Tors der Bürgerin L. E. Tumbotschkina erhalten und ihn an den Stadtrat zur Prüfung auf seiner nächsten Sitzung, die vom 5. bis 20. April dieses Jahres stattfindet, weitergeleitet.

Aus dem Protokoll der Sitzung des Stadtrats

»Den Wünschen der Werktätigen des Bezirks »Pupki-2« entgegenkommend, hat die Sitzung mit überwältigender Mehrheit (45 – dafür, 43 – dagegen) die Verschmierung des Tors der Prostituierten L. E. Tumbotschkina mit Teer sanktioniert.«

An den Leiter der Wirtschaftsbehörde vom Bezirksvorstand

Sehr geehrter Ruwim Iwanowitsch!

Wir bitten Sie inständig um die Zuteilung von 16 (sechzehn) Kilogramm Teer zur Durchführung von Erziehungsarbeit in unserem Bezirk.

Правлению микрорайона

Дорогие друзья!

За последний период времени на мировом рынке относительно стабильным спросом пользуются такие исконно русские товары, как, например, лён, пенька, морошка, мех горностая, квас с редькой. В число экспортных товаров повышенного спроса входит и упоминаемый вами дёготь, цена которого колеблется в пределах от трёх иорданских динар до восьми тысяч итальянских лир за килограмм. Если вы согласны приобрести товар по указанным ценам, управление может оказать вам содействие. Если же вы страдаете отсутствием необходимой суммы свободно конвертируемой валюты, настоятельно рекомендуем использовать в работе заменители типа битума.

В дирекцию коксохимического комбината

Убедительно просим вас выделить нам для проведения воспитательной работы 10 (десять) килограммов битума. Гарантируем предоплату и самовывоз.

В правление микрорайона

В настоящее время из-за постоянного повышения цен на энергоносители крекинг-процесс временно приостановлен. Однако, учитывая насущные нужды микрорайона, предлагаем вам приобрести две тонны асфальта по рыночной цене с налогом на добавленную стоимость.

An den Bezirksvorstand

Liebe Freunde!

Althergebrachte russische Waren, wie zum Beispiel Flachs, Hanf, Hermelinpelz und Kwass mit Rettich, erfreuen sich in letzter Zeit einer relativ stabilen Nachfrage auf dem Weltmarkt. Zu den Exportgütern mit steigender Nachfrage gehört auch der von Ihnen erwähnte Teer, dessen Preis im Rahmen von drei jordanischen Dinaren bis achttausend italienischen Lire pro Kilogramm schwankt. Wenn Sie einverstanden sind, die Ware zu den angegebenen Preisen zu erwerben, so kann die Behörde Unterstützung leisten. Verfügen Sie hingegen nicht über die erforderliche Summe frei konvertierbarer Währung, so empfehlen wir Ihnen dringend, bei Ihrer Arbeit einen Ersatzstoff vom Typ Bitumen zu verwenden.

An die Direktion des Kokereikombinats vom Bezirksvorstand

Wir bitten Sie inständig, uns zur Durchführung von Erziehungsarbeit 10 (zehn) Kilogramm Bitumen zuzuteilen. Wir garantieren Vorauszahlung und Selbsttransport.

An den Bezirksvorstand

Gegenwärtig ist wegen der ständigen Erhöhung der Preise für Energieträger der Cracking-Prozess vorübergehend unterbrochen. Die lebensnotwendigen Bedürfnisse des Bezirks in Betracht ziehend, schlagen wir Ihnen jedoch vor, zwei Tonnen Asphalt zum Marktpreis inklusive Mehrwertsteuer zu erwerben.

В правление акционерного общества «Интерпластилин»

Долгое время не имея возможности приобрести такие товары, как дёготь, смола, сапожный вар и битум, просим отпустить нам за наличный расчёт 6 (шесть) килограммов детского пластилина, желательно чёрного цвета.

В правление микрорайона

Как вам хорошо известно, основными компонентами для производства пластилина являются глина и пчелиный воск. Из-за нарушения сложившихся хозяйственных связей сейчас наш завод лишён возможности получать глину, которую имел по поставкам из стран ближнего зарубежья. Таким образом, для выполнения пластилиновой программы на заводе имеются лишь красители трёх цветов – белого, розового и бело-розового. Предлагаем их вам в любом количестве по ценам значительно ниже рыночных.

Из отчётного доклада правления микрорайона

«…В текущем году постоянно поддерживалась хорошая сохранность жилого фонда микрорайона. Так, например, силами правления произведена своевременная покраска ворот и забора домовладелицы Л. Э. Тумбочкиной, проживающей по адресу: Дирижабельный тупик, 5».

An den Vorstand und die Leitung der Aktiengesellschaft »Interplastilin«

Seit längerer Zeit sehen wir uns außerstande, Waren wie Teer, Pech, Schusterpech und Bitumen zu erwerben. Daher bitten wir Sie, uns gegen Barzahlung 6 (sechs) Kilogramm Kinderplastilin vorzugsweise schwarzer Farbe zukommen zu lassen.

An den Bezirksvorstand

Wie Ihnen wohlbekannt ist, sind die Hauptrohstoffe zur Plastilinherstellung Ton und Bienenwachs. Wegen der Zerstörung über lange Zeit aufgebauter Wirtschaftsbeziehungen ist unser Werk augenblicklich der Möglichkeit beraubt, Tonlieferungen aus dem nahen Ausland zu erhalten. Dergestalt stehen im Werk zur Bewältigung des Plastilinprogramms nur Farbstoffe dreier Farben zur Verfügung: weiß, rosa und weiß-rosa. Wir bieten sie Ihnen in beliebiger Menge an und zu Preisen, die bedeutend unter den Marktpreisen liegen.

Aus dem Rechenschaftsbericht des Bezirksvorstands

»... Im laufenden Jahr wurde ständig die Intaktheit der Bausubstanz des Bezirkes aufrechterhalten. So wurde zum Beispiel durch die Verwaltung der rechtzeitige Anstrich des Tors und des Zauns der Hausbesitzerin L. E. Tumbotschkina, wohnhaft in der Luftschiffsackgasse 5, durchgeführt.«

АНДРЕЙ ЯХОНТОВ

Упрямая скрепка

Одна Скрепка не хотела прогнуться для того, чтобы скрепить нужные бумаги.

– Не смейте меня трогать, не смейте придавать мне чуждую форму, – кричала она, вырываясь из державших её Пальцев. – Я дорожу каждой своей линией. Такой выковала меня жизнь, и я на долю миллиметра не поддамся.

Пальцы разок попытались, другой попытались – не уступает Скрепка. Делать нечего – выбросили её в Корзину.

О дальнейшей её судьбе ничего не известно.

А бумаги скрепили другой, податливой. И она пошла по инстанциям.

В распоряжении Пальцев всегда целая коробка годных для дела скрепок.

ANDREJ JACHONTOW

Die eigensinnige Büroklammer

Eine Büroklammer wollte sich nicht zurechtbiegen, um die nötigen Papiere zusammenzuheften.

»Wagt es nicht mich anzufassen, wagt es nicht mir eine fremde Form zu geben«, rief sie und versuchte sich aus den Fingern zu befreien, die sie hielten. »Mir ist an jeder meiner Linien gelegen. So hat mich das Leben geschmiedet, und ich gebe keinen Millimeter nach.«

Die Finger versuchten es einmal und noch einmal – die Klammer gab nicht nach. Es war nichts zu machen – man warf sie in den Papierkorb.

Über ihr weiteres Schicksal ist nichts bekannt.

Die Papiere aber wurden mit einer anderen, gefügigeren zusammengeheftet. Und diese ging durch die Instanzen.

Die Finger haben immer eine ganze Schachtel passender Klammern zu ihrer Verfügung.

Autoren- und Werkverzeichnis

MICHAIL ARDOW

Michail Ardow wurde 1937 in Moskau geboren. 1960 schloss der zukünftige Geistliche ein Journalistikstudium an der Moskauer Universität ab. 1980 wurde Ardow in Jaroslawl zum Priester ernannt. Zur Zeit ist der Oberpriester Michail Ardow Vorsteher der ersten Kirche, die in Russland dem »Märtyrer-Zar« Nikolai II. geweiht wurde. Michail Ardow lebt in Moskau. Er ist Autor folgender Bücher:
Мелочи архи.., прото.., и просто иерейской жизни. Moskau: Изд-во имени Сабашниковых, 1995.
Легендарная Ордынка. St. Petersburg: ИНА-пресс, 1997.
Возвращение на Ордынку. St. Petersburg: ИНА-пресс, 1998.

JURIJ BOREW

Jurij Borew wurde 1925 in Charkow geboren. Er absolvierte das Literarische Institut des Schriftstellerverbandes und eine Aspirantur in Ästhetik. Er ist Doktor der Philologie, Professor, Mitglied der New-Yorker Akademie der Wissenschaften, der russischen Unabhängigen Akademie und »Humor-Akademie«. Zur Zeit ist er Vorstand der Universitätsabteilung für Literaturtheorie, Professor des Moskauer Architekturinstituts, Präsident der Unabhängigen Akademie für Ästhetik und freie Künste und Chefredakteur des Almanachs »Akademische Hefte«. Professor Borew ist Mitglied des Schriftstellerverbandes, des Filmverbandes und Mitglied der internationalen Gesellschaft für Ästhetik.
Zu seinen Veröffentlichungen zählen:
История государства советского в преданиях и анекдотах. Moskau: Рипол, 1995.
Краткий курс истории XX века. Moskau: Звонница, 1995.
XX век в преданиях и анекдотах (in drei Bänden). Moskau: Фолио, 1997.

ILJA BUTMAN

Ilja Butman wurde 1948 in Leningrad geboren. Er ist Mitarbeiter der Zeitschrift »Kaleidoskop« und Chefredakteur der Zeitschrift »Autobus«. Butman ist Mitglied des russischen Literaturverbandes; dort Vorsitzender der Aufnahmekommission und der Werkkommission der Petersburger Abteilung. Seine Werke – mehr als zweitausend Veröffentlichungen – erschienen unter anderem in den Zeitschriften »Balamut«, »Kapkan«, »Newa«, »Kaleidoskop«; außerhalb Russlands in den USA, der Tschechischen Republik, Griechenland, Israel und vielen anderen Ländern. Ilja Butman lebt in St. Petersburg.

ALEXANDER CHORT

Alexander Chort wurde 1941 in Moskau geboren. Er absolvierte das Plechanow-Volkswirtschaftsinstitut in Moskau und war unter anderem als wissenschaftlicher Mitarbeiter auf dem Gebiet der Wirtschaftsinformatik tätig. Seit 1977 widmet er sich vollständig seiner literarischen Arbeit. Seitdem hat er zahlreiche humoristische Erzählungen publiziert. Viele davon wurden zu Radiosendungen verarbeitet, einige erschienen in der satirischen Filmserie »Fitil«. Zu seinen weiteren Veröffentlichungen gehören: «Лавровый пинок», ein Buch mit Literaturparodien, und die Theaterstücke «Дача специального назначения», «Пальма в кафе ‹Север›», «Каким я был тогда ослом!» Alexander Chort lebt in Moskau.

SERGEJ DOWLATOW

Sergej Dowlatow wurde 1941 in Ufa geboren. Er studierte an der finnischen Abteilung der philologischen Fakultät und an der Fakultät für Journalistik der Leningrader Universität. Seit 1978 lebte Dowlatow in den USA. Er hat mehr als 15 Bücher in russischer Sprache im Westen veröffentlicht. Seine Bücher erschienen in englischer, deutscher, dänischer, schwedischer, finnischer, bulgari-

scher und japanischer Übersetzung. Dowlatow wurde mit dem Preis des amerikanischen PEN-Klubs ausgezeichnet und veröffentlichte in der prestigeträchtigen amerikanischen Zeitschrift »New Yorker«. Er starb 1990 in der Emigration in New York.
Seine wichtigsten Bücher:
Компромисс. New York: Серебряный век, 1981.
Чемодан. Tenafly: Эрмитаж, 1986.
Зона. Записки надзирателя. Ann Arbor: Эрмитаж, 1982.
Заповедник. Ann Arbor: Эрмитаж, 1983.
Собрание прозы в трёх томах. St. Petersburg: Лимбус-пресс, 1993.

EDUARD DWORKIN

Eduard Dworkin wurde 1947 in Leningrad geboren. Er absolvierte die Fremdsprachenfakultät des Staatlichen Polytechnischen Herzen-Instituts Leningrad. Dworkin arbeitete als Lehrer, Übersetzer und Literaturberater für Zeitungen und ist Mitglied des Journalistenverbandes und des Schriftstellerverbandes von St. Petersburg. Er veröffentlichte in den Zeitschriften »Newa«, »Oktjabr«, »Snamja«. Dworkin ist Berufsschriftsteller. Er lebt in St. Petersburg.
Dworkin ist Autor folgender Bücher:
Сто рассказов об Иванцове. Leningrad: ЛИО «Редактор», 1991.
Юмористические рассказы для эстетов. St. Petersburg: Самиздат, 1992.
Залепленные лица. St. Petersburg: Импакс, 1994.

MICHAIL GORODINSKIJ

Michail Gorodinskij wurde 1947 in Leningrad geboren. Er veröffentlichte in Leningrader und Moskauer Zeitschriften und Almanachen (»Junost«, »Aurora«, »Krokodil«, »Molodoj Leningrad«, »Literaturnaja gaseta«). Seit Mitte der siebziger Jahre erschienen seine Werke hauptsächlich im »Samisdat«. Nach 1986 wurden

seine Prosa, seine Essays und Publizistik in den russischen Zeitschriften »Ogonjok« und »Newa«, in der Pariser Zeitschrift »Syntax«, in »Russkaja mysl« (Paris), »Nowoje russkoje slowo« (New York) und anderen veröffentlicht. Gorodinskij ist Autor mehrerer Theaterstücke und Drehbücher. Er gewann 1990 den ersten Preis der »Literaturnaja gaseta«. Sein Roman »Deti slow« wurde für den Booker-Preis nominiert. Übersetzungen ins Englische, Deutsche, Ungarische und Polnische. Gorodinskij lebt in Deutschland. Er ist Autor des Buches: Позабудем свои неудачи. St. Petersburg: ТОО «Журнал ‹Нева›», 1994.

IGOR IRTENJEW

Igor Irtenjew wurde 1947 in Moskau geboren. Er absolvierte das Leningrader Institut für Filmtechnologie und den höheren Theaterlehrgang. Seine Gedichte und Erzählungen wurden unter anderem in der »Literaturnaja gaseta« und den Zeitschriften »Junost«, »Aurora« und »Ogonjok« veröffentlicht. Irtenjew wurde mit dem »Solotoj Ostap«-Preis, einem Preis für Humor und Satire, ausgezeichnet. Irtenjew ist Mitglied des russischen PEN-Zentrums und Chefredakteur der ironischen Zeitschrift »Magasin«. Er schreibt Gedichte und Prosa. Irtenjew lebt in Moskau.
Seine wichtigsten Bücher:
Повестка дня. Gedichte. Paris: Амга, 1989.
Попытка к тексту. Gedichte. Moskau: Московский рабочий, 1989.
Вдоль по жизни. Gedichte. Jerusalem: Беседер, 1996.
Ряд допущений. Gedichte. Moskau: Независимая газета, 1998.

ANDREJ JACHONTOW

Andrej Jachontow wurde 1951 in Moskau geboren. Er absolvierte die Moskauer Universität und arbeitete anschließend fünfzehn Jahre in der Redaktion der »Literaturnaja gaseta«. Gegenwärtig ist er Berufsschriftsteller, Autor von 18 Büchern. Für seine satirischen

und humoristischen Werke erhielt er in Bulgarien »Das Goldene Stachelschwein«. Seine Stücke werden im In- und Ausland erfolgreich aufgeführt. Jachontow lebt in Moskau. Während der letzten Jahre sind vier Bücher von ihm erschienen:
der Roman Учебник жизни для дураков. Moskau: Самоцвет, 1996;
die Sammlung von Essays Коллекционер жизни. Moskau: Самоцвет, 1997;
die Sammlung von Novellen, Erzählungen und Stücken И эту дуру я любил. Moskau: Самоцвет, 1997;
Койка. Moskau: МИК, 1998.

ALEXANDER KANEWSKIJ

Alexander Kanewskij wurde 1933 in Kiew geboren. Er ist Berufsschriftsteller. Seine Erzählungen wurden übersetzt, in vielen Ländern publiziert und in Radio- oder Fernsehfassungen übertragen. Seine Theaterstücke wurden im In- und Ausland aufgeführt. Nach seinen Drehbüchern entstanden 14 Kino-, Tele- und Trickfilme. Kanewskij gewann internationale Preise für humoristische Erzählungen. Seit 1990 lebt er in Israel. In Tel Aviv gründete er das »Internationale Zentrum für Humor« und gibt zwei humoristische Zeitschriften heraus: »Balagan« und »Balagascha«.
Kanewskij hat 15 Bücher veröffentlicht. Unter anderem:
Чудаки. Kiew: Советский писатель, 1982.
Алло, я вас вижу! Moskau: Искусство, 1985.
Полное собрание впечатлений. Moskau: Мысль, 1990.
Тэза с нашего двора. Moskau: Изд-во «Библиотека ‹Огонька›», 1990.
Моё открытие Израиля. Israel: Alex & Alex, 1993.

WLADIMIR KLIMOWITSCH

Wladimir Klimowitsch wurde 1935 in Moskau geboren. Von Beruf war er Jazzmusiker. Ab 1970 veröffentlichte er humoristische Erzählungen in den Zeitschriften »Literaturnaja gaseta«, »Litera-

turnaja Rossija«, »Nedelja«, »Junost«, »Ogonjok«, »Krokodil« und vielen anderen. Er erhielt zahlreiche Preise, darunter den berühmten »Odessaer Humor-Preis« und den noch berühmteren »Solotoj Teljonok«-Preis der Rubrik »Klub 12 Stuljew« der »Literaturnaja gaseta«. Seine Erzählungen und Humoresken wurden oft im Radio übertragen. Klimowitsch starb 1992.
Er ist Autor des Buches:
Памятник с бульвара. Юмористические рассказы. Moskau: Олимп, 1991.

ANDREJ KNYSCHEW

Andrej Knyschew wurde 1956 in Moskau geboren. Er hat das Moskauer Bauingenieur-Institut sowie höhere Kurse für Drehbuchautoren und Regisseure beim Staatskino der UdSSR absolviert. Knyschew ist Literatur- und Medienautor. Für seine Arbeit wurde er mit zahlreichen nationalen und internationalen Preisen ausgezeichnet. Er ist Mitglied des russischen PEN-Clubs und lebt in Moskau.
Knyschew ist Autor folgender Bücher:
Тоже книга. Moskau: МИК, 1990.
Уколы пера. Moskau: Green Wave International, 1998 (»Solotoj Ostap«-Preis 1998 für das beste Buch auf dem Gebiet des Humors und der Satire).

WADIM LEWIN

Wadim Lewin wurde 1930 in Charkow geboren. Er absolvierte das Polytechnische Institut in Charkow. Sieben Jahre arbeitete er als Bauingenieur. Ab 1961 ist er im Erziehungswesen tätig und schreibt Gedichte und Erzählungen für Kinder (und Erwachsene). Später studierte er Philologie an der Universität in Charkow und schrieb seine Doktorarbeit über ein psychologisches Thema. Wadim Lewin ist korrespondierendes Mitglied der Akademie der pädagogischen und sozialen Wissenschaften (Moskau). Er lebt in

Charkow. Zu seinen Veröffentlichungen zählen:
Глупая лошадь. Nowosibirsk: Западно-Сибирское книжное издательство, 1969.
Прогулка с дочкой. Charkow: Прапор, 1971.
Хвалилка для котят. Moskau: Интербук, 1998.
Таинственный сундук. Moskau: Открытый мир, 1995.

WLADIMIR ORLOW

Wladimir Orlow wurde 1930 in Simferopol geboren. Er ist Berufsschriftsteller. Mehr als zehn seiner Stücke sind in Verlagen auf der Krim, in Kiew und in Moskau erschienen, wurden übersetzt und in mehr als hundert Theatern der ehemaligen UdSSR, aber auch in Polen, der Tschechischen Republik, der Slowakei, Bulgarien und in Madagaskar aufgeführt. Er erhielt zahlreiche Preise, darunter den »Solotoj Teljonok«-Preis, den Preis der »Literaturnaja gaseta«, den Preis der Zeitschrift »Krugosor« und den Krim-Staatspreis. Orlow ist auch Verfasser von Gedichten und Prosatexten. Er starb 1999. Orlow war Mitglied des Schriftstellerverbandes. Er ist Autor von mehr als fünfzig Büchern. Zuletzt sind von ihm erschienen:
Прочтите взрослым. Сатира, юмор. Simferopol: Таврия, 1983.
Где зимуют раки. Сатирические и юмористические стихи. Simferopol: Таврия, 1986.
Зеркал правдивое служенье. Избранное. Стихи. Simferopol: Таврия, 1990.
Отважный воронёнок. Стихи и сказки. Donezk: Сталкер, 1998.

WALERIJ POPOW

Walerij Popow wurde 1939 in Kasan geboren. Er absolvierte das Elektrotechnische Institut und den Lehrgang für Drehbuchautoren des Kinematographischen Instituts in Leningrad. Popow ist Be-

rufsschriftsteller und Vorsitzender der Sektion Prosa des Petersburger Schriftstellerverbandes, außerdem Präsident der Petersburger Abteilung des PEN-Clubs. Er erhielt einstimmig den »Solotoj Ostap«-Preis. Popow lebt in St. Petersburg. Er hat 20 Bücher veröffentlicht, darunter:
В городе Ю. Moskau: Локид, 1997.
Грибники ходят с ножами. St. Petersburg: Блиц, 1998.

WALERIJ RONSCHIN

Walerij Ronschin wurde 1958 in der Stadt Liski bei Woronesch geboren. Er studierte Geschichte an der Staatsuniversität in Petrosawodsk und zur Vorbereitung auf den Schriftsteller-Beruf am Gorkij-Institut. Ronschin schreibt sowohl für Kinder wie auch für Erwachsene. Seine Erzählungen wurden ins Französische und Englische übersetzt. Ronschin lebt in St. Petersburg.
Zu seinen Veröffentlichungen zählen:
Здравствуйте, господин Хармс. St. Petersburg: ИМА-пресс, 1993.
Руки вверх, Синяя Борода. Moskau: ЭКСМО-пресс, 1998.
Операция ‹Спящая красавица›. Moskau: ЭКСМО-пресс, 1998.

ANDREJ TUMANOW

Andrej Tumanow wurde 1961 in Elektrostal (Moskauer Region) geboren. Er studierte an der Moskauer Universität Journalistik. Heute ist er Chefredakteur der Zeitung »Waschi schest sotok« und Eigentümer eines führenden Verlags, der unter anderem die Zeitschriften »Wasch sad« und »Nowinki dlja sada i ogoroda« herausgibt. Tumanow betreut auch Spezialrubriken für andere Zeitschriften sowie für Radio und Fernsehen. Seine Erzählungen erschienen in den Zeitschriften »Krokodil«, »Kaleidoskop«, »Journalist« und in der »Literaturnaja gaseta«. Tumanow lebt in Moskau.

ANATOLIJ TRUSCHKIN

Anatolij Truschkin wurde 1941 in Tscheljabinsk geboren. Er absolvierte das Moskauer Institut für Flugtechnologie und das Gorkij-Institut. Truschkin übte zahlreiche Berufe aus, vom Fräser und Stuckateur bis zum Regisseur und Fernsehredakteur. Zur Zeit ist er Berufsschriftsteller. Truschkin ist Autor von 20 Fernsehspielen und wurde mit zahlreichen nationalen und internationalen Preisen ausgezeichnet. Er lebt in Moskau.
Truschkin ist Autor folgender Bücher:
Хотите верьте ... Moskau: Искусство, 1989.
Нашли время смеяться. Moskau: Васанта, 1995.
Не я весёлый, жизнь смешная. Moskau: Вагриус, 1999.

WIKTOR WERISCHNIKOW

Wiktor Werischnikow wurde 1958 in Leningrad geboren. Er arbeitete in verschiedenen Funktionen im Kommunikationswesen. Werischnikow ist Mitglied des russischen Literaturverbandes. Seine Erzählungen und Humoresken erschienen in den Zeitungen und Zeitschriften »Literaturnaja gaseta«, »Krokodil«, »Junost«, »Aurora«, »Magazin«, »Krasnaja Burda« und vielen anderen im In- und Ausland. Er erhielt zahlreiche Preise der Zeitschrift »Junost«, der Zeitung »Wek« und einer Reihe von lokalen Zeitschriften. Werischnikow lebt in St. Petersburg.
Seine Bücher:
Карусель. Юмористические рассказы (mit Koautoren). Leningrad: Советский писатель, 1989.
Знаменитый пожар. Юмористические рассказы. St. Petersburg: Самиздат, 1994.

MARINA WISCHNEWEZKAJA

Marina Wischnewezkaja wurde in Charkow geboren. Sie absolvierte den Lehrgang für Drehbuchautoren des Kinematographischen Instituts in Moskau. Einige Erzählungen und Märchen von Marina Wischnewezkaja dienten als Grundlage für Trickfilme

(«Крот и яйцо», «Слон и Пеночка», «Малиновка и медведь», «Ай-ай-ай»). Mehr als dreißig Trickfilme und Dokumentarfilme wurden nach ihren Drehbüchern produziert. Der Trickfilm »Die Lorelei« wurde 1998 für einen »Oskar« nominiert. Dieser Film erhielt mehr als fünfzehn Preise auf internationalen Trickfilmfestspielen, darunter den Preis für das beste Drehbuch auf dem Festival 1998 in Ottawa. Marina Wischnewezkajas Novellen und Erzählungen wurden in den Zeitschriften »Snamja«, »Oktjabr«, »Drushba narodow«, »Junost«, »Wolga« veröffentlicht. 1997 erhielt sie den Preis der Zeitschrift »Snamja« für die beste Erzählung des Jahres. Sie ist Mitglied des russischen Schriftsteller- und Filmverbandes. Marina Wischnewezkaja lebt in Moskau.

Sie ist Autorin des Buches:

Вышел месяц из тумана. Moskau: Вагриус, 1999.

Nachwort

Humor ist bekanntlich eine ernste Angelegenheit.

Und zwar so ernst, dass seine ästhetische Natur bis heute ein Rätsel ist, trotz einer großen Anzahl verschiedenartiger theoretischer Arbeiten zu diesem Thema. Auch ist einem, wenn man lacht, nicht nach Erklärungen zumute. Uns erfasst die Elementarkraft des Humors selbst, ganz unabhängig von ihren Motiven. Nicht umsonst schrieb Spinoza, dass Lachen Freude ist und deshalb eine Wohltat.

Allerdings ist reiner Humor, der sich selbst genügt und kein anderes Ziel hat, für die *russische* Literatur nicht sehr charakteristisch. Freude ist fast immer mit dem Gefühl der Leichtigkeit verbunden. Und gerade dieses ist in der russischen Literatur, zumal der klassischen, nicht ohne weiteres zu finden.

Hier war Humor gewöhnlich mit ganz bestimmten Funktionen verbunden, und zwar in erster Linie mit satirisch-enthüllenden. In die Literaturgeschichte eingegangen sind vor allem die Namen satirischer Schriftsteller: Fonwisin mit seinem »Landjunker«, Gogol mit den »Toten Seelen« (obwohl es bei Gogol auch Humor gibt, der frei von Satire ist), Saltykow-Schtschedrin mit den »Herren Golowljow« und der »Geschichte einer Stadt« und andere mehr.

Dieser Humor richtet sich gegen bestimmte politisch-soziale Erscheinungen und ist voll vom Pathos der Enthüllung, dessen Kehrseite die Tragik des Lebens ist, dem Protest gegen die Ungerechtigkeit der Gesellschaft. Hauptsächliche Stilmittel sind hier die schweren Waffen der Satire: dunkle Ironie und Sarkasmus.

Aber es gab in der russischen Literatur auch »Humoristen« einer anderen Art: schon zu Lebzeiten so berühmte Meister dieses Genres wie A. K. Tolstoi und die Brüder Schemtschuschnikow, die unter dem Pseudonym Kosma Prutkow schrieben (ihre Aphorismen erfreuen sich auch heute noch großer Beliebtheit), »Antoscha Tschechonte« (der niemand anderes ist als der frühe Tschechow); Ende des neunzehnten und Anfang des zwanzigsten Jahrhunderts N. Leikin, W. Bilibin, A. Awertschenko, N. Teffi, Sascha Tschernyj

und andere mehr, die alle in zahlreichen humoristischen und satirischen Zeitschriften in der Art der »Oskolki« und des »Satirikons« gedruckt wurden. Ihre Werke gehören im wesentlichen der »leichten Kavallerie« der Prosa an: es sind Erzählungen, Miniaturen, Skizzen, Etuden, Szenen, Aphorismen und Parodien. Damit strebten sie weder das allumfassende satirische Epos noch das »Lachen durch die Tränen« an. Viele waren der witzigen Kurzgeschichte verbunden, obwohl auch in ihnen der Humor oft ein gewisses soziales Engagement gewann.

Mit ihrem pathetischen Gehabe begünstigte die sowjetische Epoche die Entwicklung der satirischen und insbesondere der ironischen Prosa durchaus nicht. Dennoch erschienen gerade in der russischen Literatur der zwanziger und dreißiger Jahre des zwanzigsten Jahrhunderts Schriftsteller (unter ihnen so berühmte wie Bulgakow mit seinem »Hundeherz«, Soschtschenko mit seinem »Herrn Sinebrjuchow«, Ilf und Petrow mit den »Zwölf Stühlen« und dem »Goldenen Kalb«), deren Humor »existentiellen« Charakter hatte. »Ironisten« in der Art der »Oberiuten« (D. Charms, A. Wwedenskij, N. Olejnikow) drückten ihren »schwarzen Humor« durch Grotesken, Paradoxa und Absurdismus aus (und fanden darin Nachfolger in Schriftstellern des ausgehenden zwanzigsten Jahrhunderts). Sie bedienten sich dieses Humors nicht so sehr zur Enthüllung der traditionellen Objekte der russischen Satire – des Spießbürgertums, der Wucherei, des Obskurantismus und aller Arten menschlichen Lasters – als vielmehr zum Schlag gegen ganz andere Ziele: die Sinnlosigkeit des Seins, die universelle Gleichgültigkeit und Gemeinheit, die Gedankenfaulheit und die ihr eigenen »intellektuellen« Klischees, die Leidenschaften und Sorgen, die den freien Willen des Menschen in Ketten legen.

Die Werke dieser Autoren schöpfen ihre befreiende Kraft nicht aus der Enthüllung sozialer Notstände, sondern aus der Leichtigkeit, mit der sie die, wie es schien, allerheiligsten Themen der Literatur angingen (den Tod, die Liebe ...), aus ihrer Verneinung der mechanischen Seite des Seins und überhaupt aller »Gemeinplätze« der menschlichen Existenz (und der Literatur selbst), die uns des Gefühls für die Tiefe des Lebens berauben. Die Selbst-

vergessenheit des Humors und eine alles durchdringende Ironie förderten die radikale Erneuerung der Weltanschauung und bahnten neue Wege für die russische Poesie und Prosa.

Die zeitgenössische russische ironische Prosa, die in dem vorliegenden kleinen Auswahlband vorgestellt wird, schöpft aus verschiedenen literarischen Quellen. Wir finden hier sowohl die traditionelle sozial-enthüllende Tendenz wie auch das Gefühl der allgemeinen Sinnlosigkeit des Lebens, aber ebenso die eingefleischte Fröhlichkeit, die sich gleichsam allein schon über die Möglichkeit zu lachen freut, ohne jede Pathetik und Rechtfertigung durch Tränen. Wir finden hier Paradoxa und Grotesken, Burlesken und Bouffonaden, und gerade in der Breite dieses Spektrums, im Reichtum der Palette, erkennen wir jene Liebe zum Lachen und jene Lebensbejahung, allen die Seele quälenden Ungereimtheiten zum Trotz, die uns diesen Humor liebenswert und zu einer unzweifelhaften Wohltat machen.

Jewgenij Schklowskij